Samarpan P. Powels

PLÖTZLICH GELÄHMT

Über die Wirkung von Meditation zur Krankheitsbewältigung

Ein autobiografischer Ratgeber

© 2019 Samarpan P. Powels

Produktion und Cover:
Bastian Böhm

Beratung und Lektorat:
Parampara R. Capelle

Stilberatung:
Oliver Unger

Herstellung und Verlag:
BoD – Books on Demand, Norderstedt

ISBN: 9783749483655

Bibliografische Information der Deutschen Nationalbibliothek:
Die Deutsche Nationalbibliothek verzeichnet diese Publikation
in der Deutschen Nationalbibliografie; detaillierte bibliografische Daten sind im Internet über dnb.dnb.de abrufbar.

Für meinen geliebten Körper.

Für die geliebte Welt.

INHALT

WARUM ICH MEINE GESCHICHTE ERZÄHLE............................8

Mich erwischt ein ‚Zen-Schlag'   10
Hilft Meditation bei schwerer Krankheit?   10
Dieses Buch ist ein Plädoyer für Meditation   12

WIE IST ES ZU DER LÄHMUNG GEKOMMEN?........................14

Über Nacht bin ich bewegungsunfähig   16
Diagnose GBS – das seltene Syndrom   18
Die Perspektive – lebenslanger Pflegefall?   19

WAS PASSIERT, WENN DAS SCHLIMMSTE GESCHEHEN IST?....21

Ein Vormittag in Ängsten und Sorgen   23
Liebe, Freundschaft und Dankbarkeit   24
‚Ich bin noch da' – eine Geschichte von Sokrates   28

HELFEN MEDITATIONSTECHNIKEN IM KRANKHEITSFALL?.......32

Bei unerträglichen Schmerzen helfen Schmerzmittel   34
Die glücklich machenden Eigenschaften von Meditation   36
Veränderung lieben – eine tantrische Meditationstechnik   39

DER WEG DER GENESUNG..44

Bewusstsein – der Chef regelt die Gesundheit   46
Bewusstheit – der Genesungsturbo   49
Wie erreiche ich den Körper?   55

SAUBERKEIT, TIEFENENTSPANNUNG UND SCHLAF.................61

Sauberkeit ist göttlich   63
Tiefenentspannung – bis in die Knochen   64
Schlafen und schlafen und noch mehr schlafen   65

DAS TRAURIGE HERZ...67

Die Krankheit hat das Herz traumatisiert   69
Mein Herz sucht nach stiller Liebe   71
Die Heilung des Herzens geschieht unvermutet   73

ERKENNTNISSE, DIE AUS DER KRISE KOMMEN......................75

Krankheit – ein Gott der Zerstörung   77
Was ich nicht sehen kann oder will   79
Der Verstand hält sich an Teddybären fest   82

ANGST VOR EINEM RÜCKFALL...............................86

Auch mich erfasst die Angst   88
Die rechte Hand erzittert   89
Wie sich das Trauma in der Hand auflöst   89

IN DANKBARKEIT UND LIEBE ZUM KÖRPER...........92

Der Körper singt mit mir – schon immer!   94
Das Leben und der Körper sind eins   95
Ein Liebesbrief   97

ZUSAMMENFASSUNG:
WIE WIRKT MEDITATION BEI KRANKHEIT?............98

Bewusstheit und Liebe fördern die Genesung   100
Meditation nimmt keine Schwierigkeiten ab   101
Bewusstsein über Meditationen wahrnehmen lernen   103

AUSBLICK VOM BERG.......................................106

DANKE..109

ÜBER DIE AUTORIN.......................................119

ERSTAUNLICHER KÖRPER..............................122

UND NOCH EIN TIPP....................................124

Warum ich meine Geschichte erzähle

*Jedes Leben hat
sein Maß an Leid.*

*Manchmal bewirkt
eben dieses dein Erwachen.*

Buddha

Es ist ein Schock.

Ich liege im Krankenhaus und bin bewegungsunfähig.

Über Nacht ist die Schaltzentrale der Muskeln ausgelöscht worden. Eine seltene Nervenkrankheit (GBS) hat meinen Körper erfasst.

MICH ERWISCHT EIN ‚ZEN-SCHLAG‘

Im Zen gibt es das Phänomen des ‚Zen-Hits‘. Das ist ein plötzlicher Schlag auf den Kopf, den der Schüler vom Meister ganz unvermutet erhält. Der Schlag ist eine Gnade und nur fortgeschrittene Schüler der Meditation erhalten ihn vom Meister.

In diesem überraschenden Schlag steckt die Gelegenheit für den Schüler, seinen Bewusstseinszustand zu beweisen. Ist der Schüler wach genug, wird er den Schlag verstehen, annehmen und darauf in spontaner Weise antworten.

Das ist meine Situation.

Ich wache eines Tages völlig überrascht in einer Welt auf, in der ich mich überhaupt nicht auskenne. Eine Welt im Rollstuhl, in Hilflosigkeit, mit fachlicher und menschlicher Unterstützung von Ärzten und Pflegepersonal und mit der warmherzigen Tatkraft von Freunden, die mir mein neues, ungewohntes Leben erleichtern.

HILFT MEDITATION BEI SCHWERER KRANKHEIT?

In diesem Buch beschreibe ich meine Erfahrungen und wie ich die neue Lebenssituation verarbeite. Der Körper funktioniert nicht mehr – doch ich kann auf langjährige Meditationspraxis zurückgreifen und bin selbst gespannt, ob Meditation in dieser ziemlich verzweifelten Lage etwas bewirkt.

In diesem Buch möchte ich dir einen Geschmack von Meditation geben. Mir geht es dabei um den Zustand von Meditation und nicht etwa um ‚Meditationen‘, also nicht um Meditationstechniken.

Meditationstechniken sind nur die Fingerzeige zu dem, was Meditation wirklich ist. Es ist gleichgültig, welche Meditation du praktizierst, das ist meiner Meinung nach völlig unerheblich. Jede Meditation hilft dabei zu erkennen, was Meditation wirklich ist – doch ob wir das als Meditierende auch wirklich wahrnehmen können, das hängt von vielen Dingen ab…

Auf dem Kissen sitzend, beim Tanzen oder im Alltag ist der Zustand von Meditation für mich relativ einfach wahrzunehmen. In einer schweren Krankheit gilt das womöglich nicht mehr. Im Krankheitsstand zieht der Körper alle Aufmerksamkeit auf sich – kann ich mich auch dann noch an den Zustand offener Bewusstheit erinnern?

Meditation erspart keine Ängste
und auch keine Schmerzen

Ich bin in eine missliche Lage geworfen worden. Und um das Ergebnis vorweg zu nehmen: Trotz Verankerung im Zustand von Meditation bleiben mir Verzweiflung, Angst und Schmerzen nicht erspart.

Die langjährige Meditationspraxis hat mir während der Krankheit dennoch sehr geholfen. Was ich vorher über Meditation wusste, hat sich nun in die Zellen eingegraben; die Erfahrungen sind mir ‚in die Knochen' gegangen, also ganz natürlich geworden.

Ich habe viel über mich und das Leben gesehen und verstanden. Vor allem ist mir ein neuer bester Freund geschenkt worden: mein geliebter Körper. Er hat mir gezeigt, wie er dazulernt, wie er aufblüht, was er liebt und wie ich mit ihm kommunizieren kann.

Vor die Wahl gestellt, würde ich also diese intensive Zeit von Krankheit und Genesung nicht vermeiden wollen. Durch sie ist eine Art Quantensprung in meinem Leben geschehen.

Mit großem psychischen Kraftaufwand hat sich die Vergangenheit verflüchtigt und ich stehe hier in der Gegenwart als verwandeltes Wesen.

Ich bin ganz neu geworden. Es wird sich noch zeigen, was das konkret bedeutet.

Dieses Buch ist ein Plädoyer für Meditation

Ich erzähle diese Geschichte, um dir Mut zu machen mit dem Meditieren zu beginnen oder damit fortzufahren. Ohne Meditation wäre ich womöglich in einem Loch von Verzweiflung, Einsamkeit und Ängsten versunken.

Das dunkle Loch habe ich gesehen, bin auch kurz hineingefallen und dann wieder hinausgeklettert – um die Schönheit des Lebens und des Sterbens zu erkennen.

Bei dir wird alles anders kommen

Was immer mir geschehen ist, bei dir wird es anders sein. Dies ist kein Leitfaden, wie du im Krankheitsfall Meditation einsetzen kannst. Vielmehr sollen dich diese Zeilen anregen, deinen Körper und Geist selbst zu erforschen. Experimentiere mit Meditationstechniken und es wird dir gut gelingen.

Mir hat gerade diese schwierige Situation gezeigt, wie segensreich sich Bewusstheit und Bewusstsein auswirken – nicht nur auf die Gesundung des Körpers, sondern vor allem auf die Psyche, auf das Lebensgefühl, auf die Freude zu sein und sogar auf den Genuss, nicht zu sein.

Meine Erkenntnisse werden dir nichts abnehmen, du wirst dich selbst auf die Suche nach Antworten begeben müssen.

Vielleicht regt dich jedoch meine Geschichte zu neuen Einsichten für deinen eigenen Weg an. Das würde mich glücklich machen.

Eine Geschichte mit Happy-End

Meine Geschichte hat ein körperliches Happy-End, schon drei Monate nach der Lähmung kann ich wieder gehen, Fahrrad fahren und mich ganz und gar selbst versorgen.

Nicht nur das: Ich habe meine Liebe für Sport entdeckt. Jede Form von Bewegung ist zum Genuss geworden. Von innen gesehen fühle ich mich rundum erneuert, summend und schwingend.

Geliebter Körper.

Nach drei Monaten schwerer Krankheit stehe ich also hier:

auf sicheren Beinen
und in Dankbarkeit über das,
was mir geschehen ist.

Ich danke der Weisheit und Tatkraft meiner Freunde, der Familie, den guten Bekannten. Auch den Menschen, die mir in der Zeit der Krankheit begegneten: Ärzten, Therapeuten, Pflegekräften, Mit-Patienten.

Jeder einzelne half mir dabei, die Weisheit meines geliebten Körpers zu verstehen und gesund zu werden.

Dank meinem Meister Osho, dem ultimativen Arzt.

Danke. Danke. Danke.

Wie ist es zu der Lähmung gekommen?

Denke daran, dass etwas,
das du nicht bekommst,
manchmal eine wunderbare
Fügung des Schicksals sein kann.

Dalai Lama

Mittwochabend spüre ich ein leichtes Kribbeln in den Fingerspitzen. Ich denke mir nichts dabei.

Donnerstag kann ich morgens nur noch eingeschränkt laufen, mir sacken die Beine weg.

Ich denke, ich bekomme eine schwere Grippe. Seit etwa zwei Wochen belästigt mich ein erschöpfender Husten. Da ich sowieso immer erkältet bin – über meine Enkel, die vom Kindergarten Viren aller Art mitbringen – ist für mich der Fall klar und es besteht kein Grund zur Beunruhigung.

Donnerstagabend kann ich zunächst die Teekanne, dann aber auch die Teetasse nicht mehr halten. Die Hände zittern und ich habe keine Kraft etwas zu tragen. Das finde ich dann doch irgendwie komisch.

Ich erzähle meiner Freundin Yoko davon, die mich zufällig abends anruft. Sie will mich am Wochenende unterstützen, falls es mit der Grippe schlimmer wird.

Über Nacht bin ich bewegungsunfähig

Freitagmorgen kann ich nicht mehr gehen und auch die Hände nicht mehr bewegen. Ich bin noch guter Dinge und denke nur:

„Nanu, was ist denn jetzt passiert?"

Mein Verstand ist genauso klar, wie er jetzt in diesem Moment ist. Ich rufe meinen Sohn an, damit er mit seinem Zweitschlüssel die Sanitäter in die Wohnung lassen kann, denn ich kann nicht mehr aufstehen. Yoko kommt auch sofort.

Die Sanitäter sind erstaunt. Sie kennen es nicht, dass jemand gelähmt und so klar im Kopf ist. Sie stellen mir typische Schlaganfall-Fragen wie:

„Welcher Tag ist heute und welches Jahr...?"

Für mich ist das eine absurde Situation.
Natürlich weiß ich die Antworten.

In der Notaufnahme der neurologischen Uniklinik

Die Ärztin in der Notaufnahme diagnostiziert das seltene ‚Guillain-Barré-Syndrom', kurz GBS. Ich frage sie, wie lange es dauern wird, bis ich wieder gesund bin. Sie sagt:

„Das ist verschieden."

Ich fühle mich soweit ganz gut, bin heiter und warte gelassen auf die Dinge, die da kommen mögen. Es ist Freitagnachmittag, ich liege relativ bequem auf einer Bahre in einem Arztzimmer und denke:

„Montag bin ich wahrscheinlich wieder zuhause."

Yoko hat auf ihrem Handy gegoogelt, was GBS ist und hat Tränen in den Augen. Und auch sie antwortet auf meine Frage:

„Der Genesungsverlauf ist ganz unterschiedlich. Das Gute ist, du wirst wieder gesund werden."

„Na, dann kann's ja nicht so schlimm sein," denke ich.

Selig sind die Unwissenden

Ein bisschen aufgeweicht bin ich dann doch, als ich alleine in der Notaufnahme liege. Yoko und mein Sohn sind weggegangen, um ein paar Dinge zu holen, die ich später noch brauchen werde.

Mir kommen plötzlich Tränen. Ich verstecke sie vor der jungen Ärztin, die den Raum betritt. Freundlich hält sie mich am Arm und sagt:

„Sie sind hier im Krankenhaus,
Sie dürfen weinen,
Sie müssen nichts zurückhalten."

Als sie zur Türe hinausgeht, weine ich dann wirklich. Ich weiß noch nicht, was GBS ist und was mich erwarten wird, doch die ganze Situation hat mich nun doch erschüttert.

Diagnose GBS –
das seltene Syndrom

Für die Wissenschaft ist es weitgehend ungeklärt, wie es zu dem plötzlichen Angriff auf die Nervenzellen kommt. Man vermutet einen Virus, der ähnlich wie die Nervenzellen aussieht und den die Antikörper angreifen. Dabei werden nicht nur die Viren, sondern auch die eigenen Nervenzellen zerstört.

Mein, von mir nun nicht mehr bewegbarer Körper ist inzwischen in ein Bett gelegt worden. Ich denke zuversichtlich:

Die Ärzte kennen vielleicht nicht die genaue Ursache der Krankheit, doch scheinen sie zu wissen, was bei GBS zu tun ist. Der Krankenhausbetrieb wird schon seinen bewährten Lauf nehmen...

Yoko kommt zur Türe herein und ich sage ihr, dass sie gerne gehen könne; ich würde das schon alleine schaffen. Sie ist eine vielbeschäftigte Frau und ich möchte nicht noch mehr ihrer Zeit in Anspruch nehmen.

Sie lacht und bleibt.

Yoko sitzt dann auch am Tisch vorne am Bett, als eine Ärztin eine relativ dicke Hohlnadel in mein Rückenmark sticht. Es werden 10-15ml Nervenwasser zur Diagnose gebraucht.

Ich werde ohnmächtig.

Nach der Lumbalpunktion dämmert es mir, dass meine Situation ernst ist. Womöglich werde ich am Montag doch nicht aus dem Krankenhaus entlassen werden...

Insgesamt bin ich mit der Situation noch entspannt. Es ist schön, dass Yoko neben mir sitzt und wir ein neues, gemeinsames Abenteuer erleben können. Wir haben schon so einige Dinge gemeinsam erlebt!

Wir erzählen uns Geschichten aus unserem Leben. Endlich haben wir wieder einmal Zeit, uns lange und authentisch zu begegnen.

Es ist ein schöner, heiterer Freitagnachmittag.

Irgendwann abends geht Yoko.

Ich habe es geschafft, die Bettpfanne zu benutzen und mir von dem freundlichen, gut gebauten Pfleger den Po abwischen zu lassen. Es gibt Pfefferminztee und vorgeschnittene Käsebrote – wie in der Kindheit. Die leichten Schnittchen kann ich zu diesem Zeitpunkt noch zitternd halten.

Es ist nicht soo schrecklich im Krankenhaus!

Nach dem Abendessen hole ich mein Handy und google ‚GBS'. Erst dann begreife ich den wirklichen Ernst der Lage.

DIE PERSPEKTIVE –
LEBENSLANGER PFLEGEFALL?

Mein schockierter Verstand sucht sich im Drama zu entladen. Ich lese über Leute, die jahrelang als Pflegefall in der Intensivstation künstlich beatmet werden, weil ihre Lungenmuskeln versagen.

„Oh je, ich werde bis zum Ende meines Lebens ein Pflegefall bleiben!"

Ich lese von mindestens zwei Wochen akuter Krisenzeit und danach monatelanger Rehabilitation. Die Krankheit dauert in der Regel drei bis sechs Monate und es ist nicht klar, ob alle Muskelfunktionen zurückkehren werden.

„Im schlimmsten Fall werde ich ein Pflegefall bleiben. Mein armer Sohn wird sich jahrelang um mich kümmern müssen – dabei hat er selbst genug mit seiner eigenen Familie zu tun.

Ich werde nicht mehr mit meinen Enkeln spielen können und meine schöne Kreativität im Internet wird auf Null zurückgehen.

Nichts in meinem Leben wird wieder so sein wie es war."

Ich bin zutiefst schockiert.
Vollkommen erschüttert.

Mit einem schweren Herzen schlafe ich ein und
mit einem schweren Herzen wache ich wieder auf.

Yoko ist bald da ....
und mein Sohn.

Ich weine.

Es ist ein bewegter Samstagvormittag.

Was passiert,
wenn das Schlimmste geschehen ist?

*Wer einen Unterschied
zwischen Körper und Seele macht,
besitzt keines von beiden.*

Oscar Wilde

Ein Vormittag in Ängsten und Sorgen

Wenn das Schlimmste geschehen ist – die Aussicht, für immer Pflegefall zu bleiben – dann gibt es auch für mich keine Zuflucht. Ich versinke im Verstand, der mir angstbesetzte Bilder in den Kopf malt…

Yoko und mein Sohn geben mir Halt.
Mein Sohn lehnt entspannt am Fenster und sagt:

„Ich habe im Internet recherchiert, 70% aller GBS Patienten werden völlig geheilt. Und du wirst das auch."

Er steht ruhig da. Ich glaube ihm die Gelassenheit. Seine unerschütterliche Zuversicht beruhigt mich ein wenig.

Als er geht, umarmt er mich. Ich hebe den Kopf (mehr kann ich kaum noch bewegen) und wir teilen einen innigen Moment miteinander.

> Allein dieser ehrliche, liebevolle Moment
> war es für mich wert,
> krank geworden zu sein.

Die Lähmung steigt weiter nach oben

Yoko bleibt wieder den ganzen Tag bei mir. Sie kümmert sich um meine Grundbedürfnisse, um saubere Kleidung, Essen und Trinken. Und sie läuft den Ärzten hinterher, als die nächste Infusion mit Antikörpern ansteht.

Jetzt kann ich nur noch die Ellenbogen bewegen, der Rest von mir liegt einfach nur da. Trotz Infusion steigt die Lähmung weiter nach oben – was im Anfangsstadium der Krankheit wohl normal ist. Auch psychisch kann ich nun nichts mehr kontrollieren und gebe mich ganz den Gefühlen von Ausgeliefertsein und Hilflosigkeit hin.

„Es braucht fünf Tage bis die Immunglobuline greifen," sagt der Arzt. *„Bis dahin wird sich Ihr Zustand verschlechtern."*

Ich lasse völlig los.

Ok, dann eben so.
Ich kann nicht anders.
Bin einfach nur noch da.

Jetzt bin ich mit Yoko da.
Wir lachen.
Und sprechen übers Sterben.

Der Tod hat für uns keine Bedrohung. Wir haben gemeinsam die Ausbildung zum spirituellen Sterbebegleiter gemacht und erinnern uns nun an berührende Momente von damals.

Langsam, langsam kommt mein gewohnter Zustand zurück. Normalerweise lebe ich ein einfaches und heiteres Leben. Warum sollte das in dieser Situation anders sein?

Es geht mir gut am Samstagnachmittag.

> Einfach und heiter –
> das ist überall möglich.

LIEBE, FREUNDSCHAFT UND DANKBARKEIT

Yoko ist auch am Sonntag da. Mir ist klar geworden, dass es an der Zeit ist, praktisch über mein jetziges Leben nachzudenken. Auch innerlich habe ich jetzt akzeptiert, dass ich noch länger krank und bewegungslos sein werde.

Es gibt so viele Dinge zu organisieren und da ich gewohnt bin, die Dinge alleine zu machen, denke ich über Lösungen nach.

Yoko antwortet auf die Pläne,
mein Leben umzuorganisieren:

„Kümmere dich nicht,
entspanne,
wir machen das schon.
Du bist krank!"

Doch woher das Geld nehmen, wenn ich während der Krankheit nicht arbeiten kann?

Ich bin freiberufliche Webdesignerin und Webkonzepterin, da gibt es kein Krankengeld oder irgendeine Absicherung...

Wer kümmert sich um meine Wäsche? Wer um meine Fische? Wer informiert meine Freunde? Wer könnte in meine Wohnung einziehen, solange ich krank bin?

Yoko sagt wieder:

„Entspanne, wir machen das schon."

Sie kümmert sich um alles. Vor allem richtet sie eine WhatsApp Gruppe für meine Freunde ein. So kann ich mit ihnen allen gleichzeitig über diktierte Nachrichten kommunizieren und muss nicht jeden einzeln informieren.

Die erste Nachricht verfassen Yoko und ich gemeinsam.

Liebe Freunde,

es ist ein wenig schockierend, doch ich bin seit gestern im Krankenhaus und fast völlig bewegungsunfähig. Die Krankheit heißt GB-Syndrom, falls du sie googeln willst.

Ich kann mein Handy kaum mehr in der Hand halten und nur schwer kommunizieren, deshalb habe ich diese Gruppe gegründet, um euch alle zu informieren. Wenn du noch jemandem Bescheid geben möchtest, der nicht in der Gruppe ist, gerne. Manche haben ja auch kein WhatsApp.

Ich kann eure Nachrichten lesen, aber nicht immer beantworten. Yoko hält die Fäden zusammen und schreibt, wenn's was Neues gibt. E-Mails kann ich leider auch nicht beantworten.

Mein Geist ist klar, emotional bin ich in Wellen und der Körper hat's grad schwer. Ich rechne mit einer längeren Zeit, in der ich nur eingeschränkt bewegungs- und kommunikationsfähig bin. Heute ist erst der zweite Tag der Lähmung und die Entwicklung noch nicht wirklich abzusehen.

Mach dir keine Sorgen, ich habe ja eine Zuflucht und in der begegne ich dir gerne.

Die Zuflucht ist in der Stille

Genau wie mir selbst, so ergeht es dann auch meinen Freunden und der weiteren Familie: Jeder ist schockiert.

Manchmal entwickelt sich die Nachricht auch zu etwas Heilsamen. Ein Freund erzählt, er habe durch die Nachricht von meiner Krankheit neue Erkenntnisse über sein eigenes Leben gewonnen.

Eine Freundin besucht mich nach eineinhalb Jahren Trennung. Die Versöhnung geschieht. Ich weine in Dankbarkeit. Mein Herz wird leicht.

Mein Bruder bezahlt während der Krankheit die Miete. Ein Freund kauft eine elektrische Zahnbürste, die ich mit einiger Kreativität selbst halten kann. Eine andere Freundin kümmert sich um die Wäsche, ein Freund um die Wohnung und die Fische, eine Freundin bringt köstlichen Saft, eine andere köstliches Essen…

Meine Schwester und ihr Freund kümmern sich um die Kommunikation außerhalb von WhatsApp, einige Freunde spenden Geld, meine Cousine füttert mich mit Spaghetti und ein alter Freund kommt von weit her geflogen, um meine Gelüste nach Salat und Sushi zu befriedigen…

Jeder schickt mir Freundlichkeit und Herzenswärme.
Jeder unterstützt mich auf seine Weise.

Die Hoffnung auf rasche Genesung stirbt schnell

Irgendwie hoffe ich auf ein Happy-End. So etwas wie ein überraschend schnelles Erwachen und plötzlich ist alles wieder gut: Ich kann wieder gehen und alleine essen und mich nachts im Bett einfach so umdrehen…

Die Hoffnung auf ein Wunder bleibt ein Traum.

Die Lähmung meines Körpers schreitet zusehends weiter nach oben. Ich kann nun nichts mehr in der Hand halten. Auch kein Handy. Die Brille kann ich schon gar nicht aufsetzen. Und den Notknopf am Krankenbett kann ich auch nicht mehr drücken.

Die Logopädin schaut jede Stunde vorbei. Sie ermahnt mich, aufmerksam zu essen und sagt, dass ich ziemlich sicher demnächst auf die Intensivstation käme.

„Was? Ich auf die Intensivstation? Wieso?
Ist doch alles prima soweit…?!"

In der Visite bestätigt der Oberarzt, dass ich damit rechnen muss, demnächst künstlich beatmet zu werden.

Seine gute Nachricht ist:
„Es wird nicht länger als zwei Wochen dauern und
danach wird in der Regel die Genesung eintreten."

Ich bin mit allem einverstanden

Mich schockiert nichts mehr. Ich habe alles in meinem Leben bereinigt, nichts wartet auf mich, nichts muss noch erledigt werden.

Alles ist in Ordnung.

Ich kann in diesem Moment die Welt verlassen, es bleibt keine offene Angelegenheit zurück.

Gefühle von Liebe und Dankbarkeit durchdringen mich.

Mein Sohn, Yoko, meine Freunde und Familie geben mir Rückhalt. Doch vor allem bin ich wieder bei mir angekommen – in meinem gewohnten Zustand von Freundlichkeit dem Leben gegenüber.

Was immer kommen mag, ich bin bereit.

‚ICH BIN NOCH DA' –
EINE GESCHICHTE VON SOKRATES

Von nun an wird es nur noch aufwärts gehen, die Lähmung wird zurückgehen – doch das weiß ich zu diesem Zeitpunkt noch nicht.

In der Perspektive mit einem Leben auf der Intensivstation frage ich mich, wie es mir jetzt in diesem Moment eigentlich wirklich geht. Und ich kann nur sagen:

„Prima! Ich habe keine Schmerzen und werde von aufmerksamen, freundlichen Menschen wunderbar gepflegt. Mir wird geholfen, wo es nur geht, die Sonne scheint und es ist ein schöner Montag."

Mein bewegungsunfähiger Zustand erinnert mich an eine überlieferte Geschichte von Sokrates.

Er soll aus dem Giftbecher trinken.

Seine Schüler versammeln sich um ihn, sie möchten den letzten Augenblick des Meisters miterleben. Sie trauern über seinen nahenden Tod.

Sokrates ist so wie immer. Er ist auf die Erfahrung neugierig, die das Sterben mit sich bringen wird. Er trinkt aus dem Becher und als das Gift zu wirken beginnt, wendet er sich an die Schüler:

„Meine Beine sterben ab, doch ich bin immer noch da.
Meine Arme lassen sich nicht mehr bewegen,
doch ich bin immer noch da.

Jetzt fällt mir das Sprechen schwer,
doch ich bin immer noch da.
Und wenn bald der ganze Körper ausfällt,
bin ich immer noch da."

Ich bin dieselbe wie immer!

An diese Geschichte erinnere ich mich, als ich fast nur noch meinen Kopf bewegen kann. Ich bin immer noch da! Ich bin dieselbe, ich bin Samarpan, wie immer!

Gleichgültig, ob ich in meiner Wohnung am Computer arbeite, ob ich mit den Kindern draußen spiele oder ob ich still in Meditation sitze – ich bin immer die Selbe.

Ja, ich kann meine Beine nicht mehr bewegen, mit den Händen kann ich nichts mehr greifen, alle Muskeln im Bauch sind verloren... doch ich bin immer noch da.

Tatsachen erleichtern das Leben

Die Physiotherapeutin meint:

„Sie sind immer so positiv."

Das ist nicht der Fall. Ich bin nicht positiv, ich bleibe einfach bei den Tatsachen.

Fakt ist, dass ich körperlich eingeschränkt bin, doch warum sollte ich nicht jetzt, in diesem Moment, genauso viel Freude wie sonst auch haben?

Ich muss mir nichts schönreden, ich muss nicht künstlich das Gute in der Situation finden, Negatives verneinen und Positives hervorheben. Ich bin kein Optimist – wenn überhaupt, dann bin ich Realist.

Es ist ganz natürlich, sich über die Situation in diesem Moment zu freuen!

Ich sitze beziehungsweise liege entspannt in einem sonnigen Raum, bin frisch gewaschen, habe gut gefrühstückt, ein freundlicher Mensch hilft mir zu lernen, wie ich mich im Bett leichter umdrehen kann...

Das sind die schönen Tatsachen der Gegenwart und die Freude darüber kommt von selbst, oder etwa nicht?!

Dieser Moment ist Grund für Freude

Es ist eine Eigenschaft von Meditation, die Gegenwart bewertungsfrei wahrzunehmen. Im Zustand von Meditation nehme ich diesen Moment wie er ist. Ich füge nichts hinzu und nehme ihn an, ohne ihn in gut oder schlecht zu beurteilen oder ihn irgendwie einzuteilen.

Freude entsteht dann von selbst – und diese Freude ist natürlich und entspannt, sie ist heiter, zentriert und wahr.

Es gibt viele Meditationstechniken, die genau das üben: bewertungsfreies, direktes Schauen, beispielsweise. Oder einfach nur auf einen Klang zu hören, wie er in der Stille verschwindet. Oder wahrzunehmen, wer in diesem Moment das hier liest:

Wer ist das, der jetzt gerade fühlt und empfindet?

Auf FindYourNose, dem deutschsprachigen Online Magazin für Meditation, findest du viele Meditationen, die bewertungsfreie Bewusstheit fördern – eine wird bestimmt genau wie für dich gemacht sein.

Sosein – die Gegenwart wahrnehmen, wie sie ist

Ich habe mich viele Jahre lang daran erinnert, bewusst zu sein und die Dinge bewertungsfrei wahrzunehmen. Mich und meine Befindlichkeit eingeschlossen. Der Zustand von Bewusstheit ist mir gewissermaßen natürlich geworden. Ich muss mich nun nicht mehr extra daran erinnern, mich und meine Umgebung einfach so wahrzunehmen, wie sie ist.

Soweit man Bewusstheit üben kann, habe ich das gemacht – zumindest dachte ich das bis hierher. Die Reise in die Welt von Bewusstheit setzt sich jedoch immer weiter fort, sie ist nie beendet, das weiß ich nun aus eigener Erfahrung. Bewusstheit lässt sich endlos erforschen.

Im Sanskrit wird der Zustand, die Dinge zu sehen und zu nehmen wie sie sind, als ‚Tathagata', ‚Suchness', ‚Sosein' beschrieben. Dieser Zustand ist im Buddhismus das Höchste, in dem sich ein Mensch befinden kann.

Menschen, die nicht meditieren, empfinden die Gegenwart oft als grau, sinnlos und lieblos. Sie sehen die Welt und sich selbst durch ihre eigene Brille, die vom Verstand und den eigenen Emotionen geprägt sind.

Im ‚SoSein' gibt es keine Brille. Alle Vorstellungen, wie die Welt auszusehen hat, sind verschwunden. Durch Meditation klären sich die Augen und das Leben kann als das gesehen werden, was es ist: eine nicht perfekte Welt voller Wunder und Schönheit.

Das Leben ist auch mit Krankheit schön

Ob und wie genau sich eine meditative, bewusste Geisteshaltung auf meinen Genesungsverlauf auswirken wird, das kann ich zu diesem Zeitpunkt noch nicht sagen.

Doch eines ist für mich Realität:

Ich bin da und das Leben ist voller neuer Abenteuer und Entdeckungsreisen. Das Leben ist schön, selbst in dieser scheinbar ausweglosen Situation. Ob das ‚Tathagata' ist?

Der Körper wacht wieder auf

Am Dienstag ist die Krise überwunden. Ich werde nicht auf die Intensivstation kommen. Mein Körper ist nach vier Tagen am Höhepunkt seiner Lähmung und wird nun Schritt für Schritt wieder aufwachen.

Es wird neue Herausforderungen geben. Ich werde nachts meine Heiterkeit verlieren, mir wird jedes Schmerzmittel recht sein, nur um das Brennen und den dumpfen Schmerz im Körper ertragen zu können…

All das weiß ich am schmerzfreien und in Zufriedenheit erlebten Höhepunkt der Lähmung nicht.

Es ist Dienstag und alles ist gut.

Helfen Meditationstechniken im Krankheitsfall?

*Dem ruhigen Geist
ist alles möglich.*

Meister Eckhart

BEI UNERTRÄGLICHEN SCHMERZEN
HELFEN SCHMERZMITTEL

Das Gute an dieser Krankheit ist, dass die Lähmung ab einem gewissen Punkt nicht mehr weiter hochsteigt und es quasi zu einer Umkehr der Entwicklung kommt. Von nun an tritt der Heilungsprozess in Kraft.

Und es kommt zu höllischen Schmerzen.

Als die ersten Anzeichen auftreten, denke ich noch, dass die dumpfen Schmerzen vom vielen Liegen kommen. Ich sage dem Arzt nichts davon.

„Mir geht es prima",
antworte ich auf seine Frage, wie es mir geht.

Yoko erklärt mir nach der Visite, dass es hier im Krankenhaus nicht darum geht zu erzählen, was alles gut läuft, sondern im Gegenteil darauf aufmerksam zu machen, welche Schmerzen und Schwierigkeiten akut gegenwärtig sind.

In meiner Welt bin ich gewohnt, mich um Schwierigkeiten selbst zu kümmern und nicht darüber zu erzählen.

Hier im Krankenhaus muss ich erst lernen, dass meine Schwierigkeiten in die Hände des Arztes gehören und ihm mitgeteilt werden sollten.

Ich habe es dann auch wirklich bereut, nichts über die Schmerzen gesagt zu haben. Die nächste Visite findet wegen eines Notfalls erst in zwei Tagen statt und bis dahin krümme ich mich schon vor Schmerzen (wenn ich überhaupt etwas krümmen kann).

Der Professor gibt mir dann ein für Nerven spezielles Schmerzmittel – was erst nach drei Tagen wirken soll.

Ich Dussel,
hätte ich nur früher etwas gesagt!

Über die Illusion, Schmerzen bewusst und wertungsfrei wahrnehmen zu können

Diese drei Tage, beziehungsweise Nächte, sind für mich eine gute Lektion in Bezug auf Meditation. Es vesagt jede Meditationstechnik. Bei unerträglichen Schmerzen hilft bei mir nur eines: Schmerzmittel!

Das große Brennen im Körper, vor allem entlang der Wirbelsäule, im Bauchraum, in der Hüfte und den Beinen entlang verstärkt sich innerhalb der nächsten drei Tage und ich kann nachts nichts anderes tun, als vor Schmerzen zu weinen.

Keine Meditationstechnik hilft bei großen Schmerzen, aber das Weinen, die Hilflosigkeit und das Loslassen, die geben mir in der dunklen Nacht ein wenig Erleichterung.

Hoffnungsvoll frage ich mich:

„Wer bin ich ich jetzt,
wer empfindet diese Schmerzen, wer bin ich wirklich?"

Für einen klitzekleinen Moment erinnere ich mich an Bewusstsein und alles ist gut. Dann überwältigen mich wieder die Schmerzen.

Das innere Zuhause im Bauch steht in Flammen

Mir fehlt der Anker im Körper, auf den ich mich sonst so verlassen kann. Normalerweise richte ich den Blick nach innen und finde mein Zuhause, meinen Anker, im Bauchinneren. Jetzt ist Innen am Brennen, das Feuer lodert und es gibt nichts, an dem ich mich festhalten kann.

Erst als die Schmerzmittel wirken und nur noch dumpfe Geräusche im Körper rumoren, erst dann kommt die Heiterkeit zurück. Die Aufmerksamkeit wird nun nicht mehr von den Schmerzen auf sich gezogen, sondern ist wie gewohnt offen und umfasst mein gesamtes Dasein.

Die geliebte Ganzheit, die Einheit von Körper, Verstand und Herz ist wieder gegenwärtig. Das nehme ich zu diesem Zeitpunkt so wahr.

Die kühle, innere Einheit wird jedoch erst Wochen später zurückkommen – doch das weiß ich während dieser Tage noch nicht. Ich habe keine Erfahrung, wie nervenberuhigende Schmerzmittel wirken.

Erst beim Ausleiten der Medikamente finde ich heraus, dass die antidepressive Wirkung der Medikamente meine Wahrnehmung verfälschte. Was ich damals als Einheit wahrnehme ist ‚nur' der Anfang der Genesung.

DIE GLÜCKLICH MACHENDEN EIGENSCHAFTEN VON MEDITATION

Seit die Schmerzen erträglich sind, freue ich mich darüber wahrzunehmen, wie der Körper Fortschritte macht. Langsam, langsam lassen sich Kleinigkeiten wieder selbst machen: selbst essen, zum Beispiel. Ich kann wieder eine Gabel halten.

Ständig lerne ich dazu. Jede kleine Bewegung, die ich wieder machen kann, gibt mir tiefe Befriedigung. Es macht mir Freude, neue Bewegungsmuster für den Körper zu lernen und auszuprobieren, die normalen Dinge des Lebens wieder selbst in die Hand zu nehmen – und manchmal dabei auch lustige Fehler zu machen.

Erfolgserlebnisse

Während des Tages folgt ein Erfolgserlebnis dem anderen. Mal schaffe ich es, das Käsebrot selbst zu streichen und das Tomaten-Achtel alleine in den Mund zu schubsen – mit dem Mund am Tellerrand. Einmal gelingt es mir durch unkontrolliertes Wackeln mit den Armen, die im Bett heruntergerutschte Bettdecke alleine wieder hochzuholen.

Einmal sitze ich im Bett und kann mir selbst die Zähne putzen – mit einer elektrischen Zahnbürste. Der Pfleger hat sie angestellt und das Zimmer verlassen. Ich putze genüsslich und lange. Und habe vergessen, dass die Finger keine Kraft haben, den Ausschaltknopf zu drücken. Und so putzt die Zahnbürste und putzt und putzt…. bis mich der Pfleger von den Bürsten befreit.

Dazulernen wollen –
die Grundeigenschaft von Meditation

Der Zustand von Meditation, von dem ich durch die vielen Jahre der Meditationspraxis einen Geschmack bekommen habe, zeichnet sich durch viele wunderbare Eigenschaften aus.

Es ist ganz individuell, wie sich Erkenntnisse über Liebe, über Nichtwissen, über Sein und Nicht-Sein, über Entspannung, Bewusstheit und Hingabe auswirken…

Die Liste an Eigenschaften, die durch Meditation ins Leben integriert werden, kann endlos lange weitergeführt werden.

Mich macht es glücklich, das Leben mit seinen Abenteuern und Chancen jeden Moment neu wahrzunehmen. Gleichgültig wie die Umstände sind, ich habe keine Angst mehr davor, Fehler zu machen. Das Schlimmste ist bereits passiert!

Das ‚Ich' hat an Bedeutung verloren. Ohne das ‚Ich' mit all seinen Sorgen und Vorstellungen wie die Dinge sein sollen ist die Freiheit groß. Das Leben wird spontan und erheiternd ohne ‚Ich'. Jetzt bin ich frei auf jede Situation genau so zu antworten, wie es mir in diesem Moment richtig erscheint.

Wenn man gelähmt ist, ist Spontaneität von großem Vorteil. Ständig stehe ich vor Herausforderungen, die mir noch nie begegnet sind. Ich habe keine Vorstellungen, auf die ich zurückgreifen kann. Ich muss spontan handeln, mir etwas ausdenken und intelligent auf die Situation antworten.

Wer weiß schon, wie man mit einem Rollstuhl einen Berg hochkommt? Oder wie man das Vertrauen einer dementen Zimmernachbarin gewinnt?

Wie schiebt man einen Toilettenstuhl in die Dusche, wenn man nicht stehen und nichts tragen kann? Ich habe es schließlich ohne Hilfe geschafft, mit viel Ruckeln und Ziehen und Schieben und Stöhnen!

Mit heiterer, gelassener Spontaneität und dem Wunsch, dazulernen zu wollen, wird das Leben erfrischend gut – sogar im Rollstuhl.

Besuch von Freunden – Freude!

In diesen Tagen des körperlichen Aufwachens kommen mich viele Freunde besuchen. Welche Freude! Oft habe ich sie lange nicht mehr gesehen.

Jeder der Freunde unterstützt mich auf seine Weise: mit köstlichem Essen und Trinken, mit Wäsche waschen, als Fische- und Blumenversorger, mit Geldangeboten für den Notfall... und immer mit einer liebevollen Präsenz.

Meine indische Freundin lädt mich in ihr Meditationszentrum nach Nagpur ein. Als Pflegefall könnte ich zumindest in der Meditationshalle liegen und vielleicht sogar auch Meditationen anleiten. Sie meint, allein schon meine Gegenwart wäre für jedermann ein Geschenk.

Ha!

Dabei ist SIE das Geschenk in meinem Leben.

Es tut gut, Freunde zu haben

Ich freue mich über die Freunde.

Und oft bin ich auch allein.

Ich bin gerne allein, denn wie sonst auch in meinem Leben beginnt dann mein Abenteuergeist neue Herausforderungen zu finden. Zum Beispiel stelle ich mir vor, mit dem Rollstuhl in den Hof zu fahren und von da aus das große Gelände der Uniklinik selbst zu erforschen.

Was für eine unrealistische Idee!

Ich schaffe es in dieser Zeit kaum ins Bad, wie sollte ich mit dem Rollstuhl durch die langen Gänge kommen? Die Arme sind schwach und kraftlos, die Hände können immer noch nicht richtig greifen. Und meine Beine kann ich ganz vergessen; sie bleiben regungslos dort, wo ich sie ablege.

Diese ‚Kleinigkeiten' halten meinen Abenteuergeist nicht auf.

Ich möchte durch die Gänge rollen und schaffe es dann schließlich auch: mit Überredungskunst und der Bitte an die Arme durchzuhalten.

Vor allem aber durch die mitfühlenden Besucherhände, die einer sich abmühenden, älteren Dame im Rollstuhl spontan helfen nach draußen zu gelangen.

Als ich schließlich im Hof sitze, der Wind die kurzen Haare hochstellt, die Sonne das Gesicht erwärmt... da bin ich richtig glücklich.

Veränderung lieben –
eine tantrische Meditationstechnik

ANMUT ist die Grazie,
freudig mit Veränderungen mitzugehen

Das Foto ‚Anmut' des von mir gestalteten Aufstellers ‚Zuhause' steht auf dem grauen Nachttischwagen neben dem Krankenhausbett. Jeder, der das Foto mit der Meditationsanleitung zu ‚*Veränderung lieben*' sieht, ist positiv schockiert – scheint es doch so gar nicht zu meiner Situation zu passen:

„Diese Veränderung durch eine schwere Krankheit soll sie lieben? Das ist ja unglaublich."

Ich meine diese Gedanken in den Gesichtern zu lesen. Wahrscheinlich schüttelt jeder, der das liest, innerlich seinen Kopf.

So ist auch der Arzt über das Foto ‚Anmut' irritiert, der mir gerade gesagt hat, dass ich wahrscheinlich in die Intensivstation zur künstlichen Beatmung muss.

Für mich ist das Foto ein großes Geschenk. Ich verstehe heute mehr, was ich damals so arglos zusammenstellte: Anmut zeigt sich im ‚Ja' zur Veränderung.

Es ist ein ‚Ja' bis hin zur Lähmung, bis in den Tod.

Anmut, das bedeutet nicht nur, eine solch einschneidende Veränderung hinzunehmen, es bedeutet vor allem, freundlich und voller Vertrauen mit ihr mitzugehen.

Meine Vergangenheit ist gelöscht worden

Vor 30 Jahren wäre ich wie jeder andere völlig schockiert über diese Situation gewesen. Von einem Tag auf den anderen wird meine gesamte Vergangenheit ausgelöscht. Sie hat keine Bedeutung mehr. Sie ist vorbei und das für immer.

Ich weiß nicht, ob ich je wieder Fahrrad fahren, Treppen steigen oder auch nur am Computer arbeiten werde können.

Meine Kunden sind womöglich nach drei Monaten Abwesenheit woanders hingegangen. Und mein Online Magazin ‚FindYourNose' wird ohne meine Arbeit und Präsenz nach ein paar Monaten keine Besucher mehr haben.

> Ich bin nicht mehr die,
> die ich vorher war –
> und werde sie auch nicht wieder sein.

Früher war mir die natürliche, ständige Wandlung und Vergänglichkeit des Lebens nicht wirklich bewusst. Im Leben verändern sich die Dinge schleichend. Sogar große Veränderungen im Körper entgehen leicht meiner Aufmerksamkeit, weil sich der Körper so langsam und fließend verändert.

In meinem Krankheitsfall geschieht das Gegenteil. Alles, wirklich alles, verändert sich innerhalb weniger Tage – in Raketengeschwindigkeit. Ich werde in eine ganz neue Welt geworfen. Ich bin nicht mehr die, die ich war.

Dieses Rad lässt sich nicht zurückdrehen. Jetzt, in diesem Moment, in dem ich im Krankenhausbett liege, gibt es keine Vergangenheit, die sich wiederholen könnte.

Die Situation ist ganz neu. Alles, was vorher war, wird nie wieder geschehen können. Mein bisheriges Leben ist in einem dunklen Loch der Vergessenheit verschwunden.

Die Zukunft bietet ebenfalls nichts, an dem ich mich festhalten könnte. Ich male mir darüber alles Mögliche aus: Spekulationen, Hoffnungen, Wünsche, Befürchtungen... Was geschehen wird, ist völlig unbekannt, da ich auf keine vergangene Erfahrung mit einer solchen Krankheit zurückgreifen kann.

Der Schwung von Vergangenheit zu Zukunft und wieder zurück bringt mich dann irgendwann ins Hier und Jetzt, in dieses Krankenhausbett. Keine Vergangenheit, keine Zukunft, nur die Gegenwart bleibt übrig.

Jetzt habe ich die Gelegenheit, einfach hier zu sein – ohne Bilder, wie ich vorher war und ohne Hoffnung, wie ich vielleicht sein werde.

Diesen Zustand des Hierseins empfinde ich als Geschenk. Das Leben bringt auch in dieser neuen, von Krankheit gezeichneten Form Geheimnisse und Überraschungen mit sich.

Dankbarkeit

Veränderung anzunehmen
fällt im schlimmsten Fall leicht

Es ist vielleicht zunächst erstaunlich, doch wenn es wirklich schlimm kommt, dann ist es leicht, Veränderung freudig zu bejahen. Es bleibt nämlich keine andere Wahl!

Die einzige Wahl, die ich in meiner Krankheit habe, ist, mir Sorgen über die Zukunft zu machen (wie das ausgeht, das weiß ich schon) – oder mich an der Gegenwart festzuhalten, an dem, was von mir übrig geblieben ist.

Was für eine Wahl ist das?

Natürlich wähle ich Letzteres.

Was von mir in der Gegenwart übrig geblieben ist, das ist nicht so wenig: Immerhin bin ich genauso klar wie vorher, mein Verstand ist da, auch meine Gefühle, mein Herz. Nur der Körper ist eingeschränkt.

Im Internet lese ich, dass genau diese geistige Klarheit Menschen mit GBS in die Depression treibt. Es ist der Umstand, nichts tun zu können, sich handlungsunfähig zu fühlen und dabei im Kopf ganz bewusst zu sein.

Diese Situation ist für die meisten Menschen kaum auszuhalten. Ohne Körper bleibt für die meisten Menschen so gut wie nichts von ihrem gewohnten Leben und Selbstverständnis übrig.

Der Verlust des Körpers bewirkt eine alles überlagernde Traurigkeit, die einem Tod ähnelt.

Depression –
Traurigkeit über den Verlust des ‚Ichs'

Es ist nicht leicht auszuhalten, wenn nichts vom Ich-Gefühl übrig bleibt. Das geht auch mir so. Und doch suche ich seit Jahren nach diesem Zustand – der mir jetzt so unerwartet in den Schoß gefallen ist.

Meditation dreht sich im Grunde nur darum, das Ich-Gefühl zu erkennen und beiseite zu lassen. Es einfach nicht mehr zu beachten. So verschwindet es von selbst.

30 Jahre lang habe ich mich intuitiv auf eine Situation wie diese vorbereitet. Was bleibt, wenn Körper, Verstand und Herz verschwinden? Was bleibt von mir, wenn alles verschwindet, was mich – im Sinne von ‚Ich' – ausmacht?

Normalerweise sitze ich zur Übung ‚ich-loser' Bewusstheit still und bewegungslos im Schneidersitz auf meinem Sessel. Jetzt liege ich bewegungslos im Bett – das ist kein großer Unterschied! Bewusstheit lässt sich so oder so üben.

Erleuchtung, die große Erkenntnis, hängt nicht von dem Zustand meines Körpers ab. Die Krankheit schenkt mir keine Erleuchtung. Ob im Schneidersitz auf dem Sessel oder jetzt im Liegen auf dem Krankenbett – die große Befreiung vom Ich erfahre ich nicht.

Eine Erkenntnis im Sinne von *‚Aha, jetzt weiß ich, was bleibt, wenn alles stirbt‘,* bleibt aus.

Es geschieht jedoch etwas anderes. Mit dem stillen, freundlichen Wahrnehmen der Gegenwart breitet sich Vertrauen und Entspannung aus.

Ich bin jetzt bereit,
die Intensivstation zu erleben.

Das uneingeschränkte ‚Ja‘ zu Veränderung ist geschehen.

Anmut ist geschehen.
Schönheit ist geschehen.
Wahrheit ist geschehen.

Der Weg der Genesung

Die Fähigkeit glücklich zu leben,
kommt aus einer Kraft,
die der Seele innewohnt.

Marc Aurel

Bewusstsein –
der Chef regelt die Gesundheit

Bewusstsein ist unendlich heilsam.
Bewusstsein ist die Lebensquelle.

Meiner Meinung nach hat Bewusstsein den Heilungsprozess meines Körpers entscheidend beeinflusst. Bewusstsein ist der Herr im Haus, ich könnte auch sagen, der Chef, der Boss, der Meister… Wenn der Boss im Haus ist, dann arbeiten alle Mitarbeiter motiviert und sorgfältig.

So auch die Mitarbeiter meines Seins: der Körper, der Verstand und das Herz. Unter Anleitung und Supervision des Chefs ,Bewusstsein' machen sie ihre Arbeit gut und mit ganzer Kraft.

Bewusstsein ist köstlich

Es ist nachts, ich liege wach im Bett in der Uni-Klinik. Alle halbe Stunde wird mein Blutdruck gemessen. An Schlaf ist nicht zu denken.

Der Nachbar ist sehr krank. Er lässt zur stündlichen Medikamenteneinnahme das helle Licht brennen und schläft erschöpft sofort wieder ein. Ich möchte ihn nicht wecken, auch er bekommt nur wenig Schlaf. Die Schwester könnte ich vielleicht rufen und bitten, das Licht auszuschalten. Dazu müsste ich den Notknopf finden und ihn dann auch noch drücken können…

Ich lasse die Situation sein, wie sie ist. Wie ein toter Käfer liege ich unbeweglich auf dem Rücken.

Und plötzlich geschieht es: Ich falle in Bewusstsein.

Bewusstsein ist ein köstlicher Zustand. Alles ist losgelassen. Die Wirbelsäule ist voller … Licht? Es ist nicht wirklich Licht, sondern ein Gefühl von Licht, von absoluter Gesundheit, von Heilung, von Liebe…

Wenn ich die Wirkung von Bewusstsein auf den Körper beschreiben soll, dann würde ich sie noch am ehesten als Tiefenentspannung bezeichnen.

Bewusstsein führt bei mir zu einer tiefen Entspannung ähnlich wie in einem hypnotischen Zustand, nur bin ich dabei völlig wach und gegenwärtig.

Im Bewusstsein gibt es keine Spaltung.
Die Dinge sind, wie sie sind.

Der Chef im Haus – Bewusstsein – weiß, was zu tun ist.

Mein Körper heilt sich unter Anleitung von Bewusstsein selbst – auf ganz harmonische Weise. Ich muss nichts wissen, nichts verstehen, nichts ändern, nichts fördern...

Der Körper – in harmonischem Zusammenschluss mit dem Verstand und dem Herzen – tut seine Arbeit und alles ist gut, wie es ist.

Ich muss mich nicht einmischen.
Ich weile in vertrauensvoller Hingabe an das, was ist.

Im Zustand von Bewusstsein macht es nichts, dass das Licht grell ist, der Nachbar immer wieder Lärm macht, der Körper nicht zu bewegen ist, ich übermüdet bin...

Es besteht eine große, liebevolle Nähe, eine Intimität mit dem Hier und das ist sehr beglückend.

In dieser Nacht weiß ich:

Bewusstsein ist die Grundlage meines Lebens.
Bewusstsein ist die Basis jedes Lebens.

Was ist Bewusstsein?

Viele weisere Menschen als ich haben versucht, Bewusstsein zu beschreiben. Sie nennen es ‚das ursprüngliche Gesicht‘, ‚Buddha‘, ‚Diamant im Lotus‘, ‚Sein‘ und ‚Nicht-Sein‘, ‚das Geliebte‘, ‚das Göttliche‘, ‚Nicht-Zwei‘, ‚Mu‘...

Das mysteriöse, allumfassende Bewusstsein ist mir nicht immer bewusst. Es sind gesegnete Momente, in denen sich mir Bewusstsein enthüllt.

Ab und an geschieht das in Meditation.

Ich falle in die Stille. Ich werde zur Stille. Alles in mir und um mich herum ist still. Alles ist, wie es ist. Das Ich spielt keine Rolle, es existiert nur Bewusstsein.

Diese Momente in Bewusstsein kann ich nicht tun, auch nicht üben, ich kann mich nur für sie öffnen und empfänglich bleiben. Manchmal geschieht Bewusstsein beim Anblick eines Sonnenuntergangs auf meinem Balkon. Oder nachts, neben dem selig schlafenden Enkel. Oder beim Rennen auf dem Laufband, wenn neue Lebensenergie den Körper verschwinden lässt und sich jeder Schritt leicht und offen und frei anfühlt.

Jedes Kind erlebt Bewusstsein. Manchmal beim Spielen. Manchmal in kleinen, für Erwachsene unbedeutenden Situationen, in denen es für das Kind plötzlich ‚Zinnnggg‘ macht und es fällt in den Zustand von Bewusstsein.

Es nimmt die Dinge wach, freundlich und ohne Ich wahr. Das kann beim Streicheln eines Hundes geschehen. Oder beim Riechen einer Rosenblüte. Oder beim Singen eines Lieds...

Erinnerst du dich?

Für Bewusstsein empfänglich bleiben

Ich habe Möglichkeiten gefunden, mich auch im Alltag für Bewusstsein empfänglich zu halten. Beispielsweise frage ich mich in der Straßenbahn oder auf dem Fahrrad oder während eines Gesprächs:

‚Wer bin ich?‘
‚Wer bin ich ohne den anderen?‘
‚Was ist Bewusstsein?‘

Und doch lässt sich Bewusstsein nicht manipulieren. Ich kann mich nur selbst entspannt und freundlich dazu einladen, wach zu bleiben. Aus der Erfahrung mit Meditation weiß ich, dass dies der beste Weg ist: freudig und empfänglich leben.

Dieses innere Wissen und die Hingabe an das unbegreifliche

Geliebte in mir, das Bewusstsein, haben entscheidend zu meinem Genesungsprozess beigetragen.

BEWUSSTHEIT –
DER GENESUNGSTURBO

Bewusstsein und Bewusstheit werden oft im gleichen Atemzug genannt, dabei sind sie meinem Verständnis nach völlig unterschiedlich.

In Bewusst**sein** ist alles eins.
Es ist die ursprüngliche Natur allen Lebens.

In Bewusst**heit** bleibt die Dualität.
Ich nehme etwas wahr.
Ich hier. –> Das Wahrgenommene dort.
Es gibt zwei.

Bewusstheit wird auch als Achtsamkeit, Aufmerksamkeit, Wahrnehmung oder Mindfulness bezeichnet.

Im Gegensatz zu Bewusstsein lässt sich Bewusstheit üben – was nicht nur für den Krankheitsfall sinnvoll ist. Wer Bewusstheit übt und immer sensibler und aufmerksamer wird, der entdeckt sich und die Welt in ganz neuer, offener und empfindsamer Weise.

Die einfachen Schönheiten des Lebens werden bewusst wahrgenommen und wertgeschätzt.

Mit feinfühliger Bewusstheit erkennt man dann auch all die Dinge, die schmerzhaft und unschön sind. Leiden muss erkannt und als natürliches Phänomen angenommen werden, da geht kein Weg dran vorbei. Das ist eine lebenslange Herausforderung.

Bewusstheit nimmt
Schönes und Unschönes wahr

Mit Leid umgehen lernen

Im Krankheitsfall kann das bedeuten, dass der über seinen Körper sensibilisierte Patient hier einen Schmerz fühlt und da einen Schmerz fühlt. Der Kranke nimmt wahr, was in seinem Körper geschieht – und meist gerade das, was nicht harmonisch und gesund ist, das Kranke. Die Ärzte kennen das Phänomen und sie mögen es nicht. Ständig kommen empfindsame Patienten mit neuen Problemen an, die nach Meinung der Ärzte oft gar keine sind. Die Patienten werden zu Hypochondern.

An dieser Erfahrung der Ärzte ist meiner Meinung auch etwas dran. Wenn ich nicht ‚bewertungsfreie Bewusstheit' geübt hätte, wäre auch ich ein hypochondrischer Patient. Hier ruft ein Schmerz und dort glüht ein Muskel und die Haut juckt und da ist eine empfindliche Stelle...

Im Krankheitsfall zieht es alle Aufmerksamkeit nach innen, der Körper versucht, wieder gesund zu werden. Die bewusste Innerlichkeit hilft zu entdecken, was dem Körper gut tut und was nicht. Und so nehme ich jeden Ton – auch den kleinsten – im Körper genau wahr.

Der Körper produziert ständig Töne, das hat er auch vor der Krankheit getan. Nur höre ich diese erst jetzt so laut, weil die Krankheit so sehr nach meiner Aufmerksamkeit ruft.

Epfindlichkeit ist noch keine Bewusstheit

Hypochondrische Patienten interpretieren jeden Ton als Schmerz, als etwas, was schlimmer werden könnte, als Bedrohung für den Körper; und natürlich als etwas Negatives.

Jeder innere Ton im Körper wird vom Verstand bewertet und zu den schon bestehenden Angstmustern hinzugefügt. Es besteht eine automatische Verknüpfung von Schmerz/Ton zu Angst vor Krankheit.

Bewusstheit bewertet nicht, was es wahrnimmt

Bewusstheit im Sinne von Meditation funktioniert anders. Mit freundlicher Aufmerksamkeit nehme ich sensibel, entspannt und wach wahr, doch das Wahrgenommene wird nicht bewertet. Es ist, wie es ist. Ein Ton ist ein Ton.

Jeden Ton im Körper nehme ich zunächst nur wahr, ohne etwas damit zu tun. Es gibt keine automatische Verknüpfung im Gehirn mit irgendeiner Vorstellung, einer Emotion oder einem Gedanken. Und wenn es eine solche Verknüpfung doch geben sollte, dann wird ihr keine Aufmerksamkeit gegeben.

Ohne eine Konsequenz daraus zu ziehen, höre ich mit Bewusstheit einen Ton im Körper nur als Ton. So, wie Vogelgezwitscher ist und Flugzeuggeräusche und Kinderrufe und Motorradknattern… Alle Geräusche sind Töne, die einfach nur sind, was sie sind.

Um nicht depressiv zu werden oder zu verzweifeln ist es im Krankheitsfall sinnvoll, die inneren Töne im Körper bewertungslos wahrzunehmen. Der Körper weiß, welche Stellen wirklich Hilfe brauchen und wird dafür auch eindeutige Signale geben. Wenn du deinem Körper zuhörst, wirst du intuitiv wissen, wann es Zeit zu handeln ist und wann du den Schmerztönen keine weitere Aufmerksamkeit geben brauchst.

Bewusst lässt sich auch ein Leben in Krankheit genießen.

Das innere Orchester im Körper

In der Reha höre ich einige Töne im Körper, die oft meine ganze Aufmerksamkeit möchten:

Die Stelle im unteren Rücken, die mir im Krankenhaus höllische Schmerzen verursachte, ruft mich auch jetzt noch manchmal mit einem stechenden Schmerz/Ton. Die Oberschenkel vibrieren innerlich wie die angeschlagenen Saiten einer Gitarre und der Bauchraum gibt einen dumpfen Ton ab, so in etwa wie eine dicke Trommel…

Ich nehme die inneren Rufe nach Aufmerksamkeit im Körper wahr und wenn der Impuls kommt, dann unternehme ich etwas, um sie zu befrieden – ich gebe der Ärztin Bescheid. Das ist ein natürlicher Prozess, der vom Bewusstsein im Körper gesteuert wird und nicht vom angstvollen Verstand.

Es ist für mich schwierig, den Unterschied klarzustellen. Vielleicht hast du es schon erlebt, dass es für dich an der Zeit war, zum Arzt zu gehen. Ohne einen Zweifel zu hegen, meldest du dich bei ihm an. Und es gibt andere Zeiten, wo du dich nicht dazu entscheiden kannst, einen Termin zu vereinbaren.

Das eine ist ein klarer Impuls. Das andere eine Vermeidungsstrategie. Diese ist oft angstgesteuert und mit früheren, schlechten Erfahrungen verbunden. In Angst ist es schwierig zu unterscheiden, welche Teile im Körper wirklich Hilfe brauchen und welche einfach nur Empfindungen und Töne produzieren.

In der Reha hilft mir die Physiotherapeutin dabei, den hiferufenden Rücken beweglich zu machen. Im Fitnessraum stärke ich die vibrierenden Oberschenkel mit speziellen Maschinen und der dumpfe Ton im Bauchraum verschwindet mit Bauchmuskelübungen an einem eigens dafür gemachten Gerät.

Meine Impulse sind klar:

Ich habe ein großes, inneres ‚Ja‘ für alle Übungen. Jedes Angebot für den Körper, das ihm gezielt Aufmerksamkeit veschafft, nehme ich dankbar an.

Anfangs mache ich in der Reha alle Übungen mit geschlossenen Augen, um den Effekt im Körper nachzufühlen. So lerne ich immer besser zu unterscheiden, welche Töne/Schmerzen hilfreich für den Genesungsprozess sind und welche Töne von mir keine weitere Aufmerksamkeit benötigen.

Mir geht es um den Einklang im Körper – und nicht darum, die Töne/Schmerzen auszumerzen. Im Einklang sind die inneren Töne in Harmonie, alles bewegt sich, brummt und summt miteinander: der Körper, der Verstand, die Empfindungen.

Im Einklang bin ich voller Lebensenergie –
und glücklich.

Wie der Körper dazulernt

Die Yogalehrerin in der Reha beschreibt etwas, was mein Verständnis um Bewusstheit vertieft. Sie sagt:

„Der Körper lernt über bewusstes Tun.
Er muss dreimal bewusst geführt werden und
versteht dann einen neuen Bewegungsablauf."

Ich bin interessiert und fasziniert.

Ein einfaches Beispiel:

Ich soll mit der linken Hand eine liegende Acht in die Luft malen und die Richtung verändern. Das holpert. Ich schließe meine Augen und male die Acht mit geschlossenen Augen und ganzer Bewusstheit. Wenn ich die Richtung ändere, stockt der Fluss immer noch. Beim zweiten Mal geht es leichter, beim dritten Mal ganz leicht.

Es ist mir gleichgültig, ob der Körper dreimal braucht oder zehnmal. Das Interessante ist für mich, die Aufmerksamkeit bewusst auf eine Stelle im Körper zu richten und diese bewusst zu bewegen.

Vorher,
währenddessen und
nachher …

… bleibe ich mit der Aufmerksamkeit an dieser Stelle.

Die innere Aufmerksamkeit hilft dem Körper zu lernen, die Muskeln wieder zu bewegen und sie neu aufzubauen, wo es notwendig ist.

Wie komme ich nur eine Treppe hinauf?

Meine Beine sind wieder einigermaßen funktionstüchtig und ich versuche, Treppen zu steigen. Mit wackligen Beinen stehe ich vor der Treppe und suche nach dem Befehl im Kopf, der mir sagt, wie ich das linke Bein auf die nächste Stufe bewegen soll.

Der gewohnte Befehl ist im Kopf nicht zu finden. Ich habe keine Ahnung, wie ich das linke Bein auf die nächste Treppenstufe bewegen soll. Das rechte kann es schon, das linke nicht.

Die Physiotherapeutin macht es mir langsam vor.

Ich schaue aufmerksam zu, schließe die Augen und lenke die Aufmerksamkeit innen aufs Bein. Das Bein ist immer noch ratlos. Ich ziehe den Oberschenkel mit der Hand nach oben und zeige ihm den Bewegungsablauf von innen. Im Gehirn findet eine Neuprogrammierung statt.

Nach ein paarmal Üben funktioniert es. Das Gehirn – und damit auch das Bein – erinnert sich wieder, welche Muskeln angespannt werden müssen, um eine Treppe hoch zu gehen. Hurra, ich weiß wieder, wie man Treppen steigt!

Genesung mit geschlossenen Augen

Mit geschlossenen Augen lerne ich meinen Körper wirklich gut von innen kennen und es wird mir bewusst, was ihm gut tut, wo eine Neuprogrammierung ansteht und was ich noch mit ihm üben möchte.

Yoga hatte ich bisher immer gemieden, die Stellungen erschienen mir zu schmerzhaft zu sein. Jetzt, in der Reha, liebe ich Yoga.

Das liegt wahrscheinlich auch an der Therapeutin, die dem Körper zwanglos eine neue Haltung vorschlägt und diese dann dreimal mit ihm bewusst wiederholt.

Wie sehr liebt es doch mein Körper, dazuzulernen! Selbst unangenehme Positionen mag er nun, da sie ihn in tiefe Entspannung führen.

Ich bin überrascht. Das wusste ich gar nicht.
Mein Körper liebt Yoga!?

> **Bewusstheit ist als Genesungsfaktor**
> **wissenschaftlich anerkannt**

Es gäbe viel über Bewusstheit und den Körper zu berichten. Wissenschaftler wie Jon Kabat-Zinn haben dieses Gebiet ausgiebig erforscht und in Studien belegt, wie sehr Bewusstheit zur Gesundung beitragen kann.

Ich möchte hier nicht weiter von meinen inneren Abenteuern mit dem schnell genesenden Körper erzählen und nur sagen: Erforsche du deinen Körper selbst und bleibe mit deiner Aufmerksamkeit freundlich innen an Stellen, die nach Aufmerksamkeit rufen.

Der Körper ist ein guter Freund, der über Töne deine Hilfe sucht. Warmherzige Aufmerksamkeit verleiht ihm Flügel – er wird leicht und singt und ist voller Tatendrang, sich zu heilen.

Wie erreiche ich den Körper?

Die Kommunikation mit dem Körper ist der Schlüssel für ein gesundes, freudiges, harmonisches Leben. In Kommunikation mit dem Körper werden die Dinge einfach.

Im Zen sagt man:

> Wenn ich hungrig bin,
> dann esse ich.
> Wenn ich müde bin,
> dann schlafe ich.

So einfach ist das.

Wenn der Körper krank ist, dann kümmere ich mich um ihn. Ich frage ihn, was er braucht und gebe es ihm.

Das klingt einfach. Ist es aber nicht.

Der Körper mag rufen und sagen, was er möchte, doch je nachdem, in welchem Zustand ich bin, höre ich ihn – oder nicht.

Ich habe herausgefunden, dass die Frage:
Wer bin ich?
eine große Rolle spielt, ob ich meinen Körper verstehe oder nicht.

**Wie der Körper mit mir kommuniziert –
gleichgültig, wer ich bin**

Er signalisiert über Unwohlsein, dass er krank ist und etwas benötigt. Er lässt mich unangenehme Empfindungen und Schmerzen fühlen, um meine Aufmerksamkeit auf hilfsbedürftige Stellen im Körper zu lenken...

Wer bin ich?

Das ist die wichtigste Frage im Zusammenhang mit der Kommunikation, denn je nachdem wie ich mich selbst sehe, werde ich anders mit dem Körper umgehen und ihn besser oder schlechter verstehen.

*1. Ich halte den Körper für alles,
was ich bin und was mich ausmacht.*

So leben die meisten Menschen und oft auch ich:

Ohne in wirklichen Kontakt mit dem Körper zu sein, identifiziere ich mich völlig mit ihm. Ich denke, ich bin der Körper.

Funktioniert der Körper nicht, dann funktioniere ich nicht. Fast vorwurfsvoll sehe ich jedes Nicht-Funktionieren wie eine persönliche Beleidigung an.

„Ohne zu wissen warum, bekomme ich diese komische Krankheit und bin plötzlich aus allem herausgeworfen, was mir gewohnt, lieb und vertraut ist.

Körper, wie kannst du mir das nur antun und krank werden?"

Bin ich im gewohnten Alltagsdenken – so, wie die meisten Menschen – dann höre ich nur die lauten Rufe des Körpers. Sprich, nur Schmerzen bewegen mich zu einer Handlung.

Die Schmerzen interpretiere ich als etwas, was ich so schnell wie möglich weghaben möchte, um wieder in mein altes Leben zurückkehren zu können.

Was ist Gesundheit,
wenn der Körper für mich nur eine Biomaschine ist?

Gesundheit bedeutet in diesem Fall, keine Schmerzen zu haben und sich auf ewig auf einen reibungslos arbeitenden Körper verlassen zu können. Krankheit und Tod werden als furchtbare Bedrohung angesehen, wird doch mit dem Sterben auch das im Körper verankerte ‚Ich' ausgelöscht sein.

Mit zunehmenden Alter wird diese Haltung zum Problem. Die meisten Menschen kämpfen damit, alt, krank und schwach zu werden. So auch ich, die ich im gelähmten Zustand ebenso nicht akzeptieren konnte, nicht mehr die gewohnte Samarpan zu sein und womöglich auch nie mehr zu werden.

Die Kommunikation mit dem Körper ist in diesem ersten Fall sehr eingeschränkt und meist auch nur einseitig in eine Richtung:

vom Körper —> zum Ich-Gefühl.

Da die Kommunikation nicht besonders gut funktioniert, vertraue ich Ärzten und anderen Fachleuten im Gesundheitswesen mehr als mir selbst. Ich gebe die Verantwortung für meinen Körper an Experten ab.

2. ‚Ich' bin der Bewusste;
der Körper ist ein guter Freund

Bewusstheit ist ein zweischneidiges Schwert.
Da ist das, was ich wahrnehme — der Körper, das Objekt.
Und der, der wahrnimmt — ich, das Subjekt.

Mit der Erfahrung von Bewusstheit kann ich das Rufen des kranken Körpers einfach nur als eine Art Ton wahrnehmen und versuchen, eine intelligente Lösung im Zusammenspiel mit ihm zu finden.

Ich frage ihn, wie ich einen guten Freund fragen würde:

„Lieber Freund, wie geht es dir?
Kann ich etwas für dich tun?

Brauchst du etwas?
Was hilft dir, dich gesund zu fühlen?"

Nun warte ich aufmerksam auf eine Antwort, ohne sie in irgendeiner Weise mit Erfahrungen aus der Vergangenheit zu bewerten. Jede Antwort wird gleichermaßen neutral gehört und angenommen.

Die Antworten sind manchmal ungewöhnlich: Manchmal bittet mich der Körper, nichts zu tun und ihn einfach in Ruhe zu lassen. Oder etwas Saures zu essen. Oder sich zu waschen. Oder eine schmerzende Stelle sanft zu bewegen…

Bewusste Kommunikation braucht Geduld und Entspannung und auch Erfahrung, um die leise Sprache des Körpers zu verstehen. Manchmal sind es nur kleine Hinweise, die der Körper gibt, die ein liebevoll lauschendes Ohr aber verstehen lernen kann.

Wie bei einem guten Freund setze ich mich mit ganzer Kraft für seine Bedürfnisse ein und sorge dafür, dass er bekommt, was er benötigt.

Das geschieht oft ganz natürlich, ohne dass ich mich zwingen muss. Mitgefühl und Liebe treiben mich an, das Richtige für ihn und mich zu tun.

Der Körper entspannt tief;
wenn er gehört wird.

Was bedeutet Gesundheit,
wenn der Körper ein Freund ist?

Gesundheit bedeutet in dieser zweiten Form der Kommunikation einfach nur, freundlichen und bewussten Kontakt zueinander zu haben – gleichgültig, ob der Körper krank ist oder nicht. Gesundheit ist, wenn der Körper von einer bewussten Empfänglichkeit getragen und gehalten wird.

Zuhören und in Kontakt sein, das ist Gesundheit.

Eine schmerzende Stelle ist dann lediglich ein Teil des Gesamten. Nicht der gesamte Körper ist krank, sondern nur diese eine Stelle ruft um Hilfe. Die anderen Teile des Körpers singen und schwingen freudig – selbst wenn es einem Teil nicht gut geht.

Ich kann also trotz Schmerzen fröhlich sein, denn ‚Ich' – derjenige, der wahrnimmt – ist von Krankheit unberührt. Auch wenn manche Stellen krank sein mögen, meine generelle Heiterkeit die in Bewusstheit zuhause ist, wird dadurch nicht beeinflusst.

Den fachmännischen Rat von Ärzten, Heilpraktikern, Therapeuten höre ich in diesem zweiten Fall der Kommunikation gerne an, doch die Verantwortung für meinen Körper bleibt bei mir. Ich höre auf ihn.

Das Leben bewegt sich in Harmonie mit uns beiden, dem Körper und mir, die wir in tiefer Freundschaft verbunden sind.

3. Kein ‚Ich' und kein Körper –
nur Bewusstsein

Manchmal, im Zustand von Bewusstsein, sind Körper und ich eins. Wir sind in eine bewusste Einheit von ‚Sein' verschmolzen. In Bewusstsein gibt es kein ‚Ich' und im Grunde auch keinen Körper. Wir funktionieren harmonisch und sind vertrauensvoll im Leben verwurzelt.

Jede Form von Bewertung ist weggefallen. Der Körper ist wie er ist, manchmal krank, manchmal gesund. Er verändert sich ständig und jede Form ist nur ein weiterer Ausdruck der Vielfalt des Lebens.

Was bedeutet Gesundheit,
wenn nur Bewusstsein besteht?

Gesundheit im üblichen Sinn ist im Zustand von Bewusstsein bedeutungslos. Alles ist im Fluss von Entstehen und Vergehen – was soll da gesund sein und was nicht?

Wenn ich Gesundheit in dieser dritten Stufe definieren sollte, dann würde ich sagen: Vertrauen ins Leben und Hingabe an das, was ist.

Im Grunde ist jedes Wort darüber zu viel.

Von Kommunikation kann in diesem Fall nicht gesprochen werden. Wir sind eins, wie soll da eine Kommunikation zustande kommen?

Wir handeln direkt und spontan in Verbundenheit mit der Situation und allen Beteiligten – ohne nachzudenken, ohne mit Erfahrungen aus der Vergangenheit zu bewerten, ohne sich für das eine oder andere zu entscheiden.

Das Leben, der Tod... alles ist ein Mysterium und nicht zu begreifen oder zu kontrollieren. Wir, die Einheit von Körper und ich, genießen das eine wie das andere, denn weder Leben noch Tod existieren für uns.

Nur die ewige Bewegung des Lebens besteht.

Geliebter Körper

Sauberkeit, Tiefenentspannung und Schlaf

Wenn dein Herz stark ist,
dann kannst du untätig
im Nicht-Handeln bleiben –

und alle Dinge
wandeln sich von selbst.

Zhuangzi

SAUBERKEIT IST GÖTTLICH

Am ersten Morgen der Lähmung noch in der Klinik werde ich nicht gewaschen. Wahrscheinlich sind die Pfleger zu einem anderen Notfall gerufen worden.

Jedenfalls liege ich im Geruch von Schweiß und einer nassen Unterhose einen ganzen Tag lang in diesem grauen Gitterbett, das zu meinem Zuhause geworden ist. Jeder Pfleger, der ins Zimmer kommt, versichert mir, dass ich bald gewaschen würde.

Es geschieht nicht.

Das Gefühl, schmutzig zu sein, verstärkt die sowieso schon lebendigen Angstgedanken und so ist der Samstag so sorgenvoll, wie ich ihn vorher beschrieben habe.

Als mich am nächsten Tag eine junge, aufmerksame Pflegerin wäscht, da kommt mit dem Waschlappen und der kühlenden Körpercreme meine Würde zurück.

Ich werde von nun an täglich gewaschen und jedesmal bin ich voller Dankbarkeit.

Sauberkeit ist für mich Würde.
Auch Menschlichkeit.
Und Klarheit.

Es tut so gut,
sauber zu sein.

‚Sauberkeit ist Göttlichkeit' ermahnen indische Mütter ihre Kinder. Und erst jetzt – so hilflos und abhängig wie ich gerade bin – verstehe ich diesen Satz in seiner umfassenden Wahrheit.

In der Reha dusche ich mich manchmal dreimal am Tag. Ich möchte nicht nur den Körper als sauber wahrnehmen – in der Dusche werden auch dumpfe Gedanken und Gefühle mit abgewaschen.

Ein Gesundungsprozess entlässt manchmal unangenehme Gerüche und auch ‚Krötengedanken', wie ich sie nenne. *(Liebe Kröten, entschuldigt bitte diese Beleidigung.)* Sich zu waschen, danach zu salben und etwas Frisches anzuziehen...

Sauberkeit ist in der Tat göttlich!

TIEFENENTSPANNUNG –
BIS IN DIE KNOCHEN

Jede Mutter weiß instinktiv, dass ihr Kind Ruhe braucht, wenn es krank ist. Ausruhen, loslassen, still werden, entspannen – das sind uralte Heilmittel, die seit Jahrtausenden zur Genesung beitragen.

Es gibt unzählige Methoden zur Tiefenentspannung:

Autogenes Training, Progressive Muskelentspannung, Hypnose, der Stillpunkt in einer Massagesitzung, Musik, Singen oder auch geführte Meditationen, die den Körper zum Loslassen einladen...

Tiefenentspannung bis in die Zellen ist meiner Meinung nach eines der besten Dinge, die man dem Körper geben kann, um die Selbstheilungskräfte zu aktivieren.

Etwas, was mich völlig und bis in die Zellen entspannen lässt, ist Osho zuzuhören, wie er über innerste Weisheiten des Lebens spricht. Nichts entspannt mich mehr. Oft schlafe ich beim Zuhören ein. Und wache zutiefst erfrischt wieder auf.

> Jede Art von Entspannung
> ist für den Gesundheitsprozess hilfreich

Vielleicht hast du einen anderen Meister oder vielleicht hast du keinen Meister – darauf kommt es nicht an. Wenn du dem Körper Raum für Heilung geben möchtest, dann finde jemanden, dem du hingegeben zuhören kannst.

Es kann auch ein Meister der Musik sein, Beethoven beispielsweise, oder ein Meister der Dichtung oder....

Ich habe jemanden gefunden, der meinen Verstand, mein Herz und meinen Körper gleichermaßen anspricht und mich noch darüber hinaus in etwas führt, was ich schon lange gesucht habe. Ewig lange.

Etwas Gesünderes und Befriedigenderes gibt es für mich nicht.

Die größte Entspannung:
Hingabe an einen Meister

SCHLAFEN UND SCHLAFEN
UND NOCH MEHR SCHLAFEN

Der Körper ist durch einen großen Schock gegangen und im Schlaf kann er sich regenerieren. In der Zeit, als ich Schmerzmittel nehme, schlafe ich ohne zu träumen. Erst später in der Reha, als die Schmerzmittel reduziert werden, beginnen die wilden Träume.

Es ist, als ob durch die Albträume ein Teil des körperlichen Schocks entladen wird. Wenn ich nach solchen ‚Traum-Attacken' aufwache, bin ich verstört und verwirrt. Ich habe keine Ahnung, wo ich gerade liege – Zuhause, im Krankenhaus oder in der Reha?

Das Unterbewusstsein entlässt im Schlaf
unterdrückte Emotionen

Katharsis über Träume

Hast du schon einmal einen reifen Bovist gesehen?

Das ist ein Pilz, der weiß, rund und dick mitten im Wald steht und wenn er reif ist, entlässt er bei der kleinsten Berührung aus dem Fruchtkörper schwarze Sporenwölkchen.

Als Kind war es für mich ein Spaß, auf reife Boviste zu treten und die aufsteigenden, dunklen Wölkchen unter dem Schuh zu beobachten.

An die reifen Boviste erinnere ich mich heute, als ich mitten in der Nacht mit laut klopfendem Herzen von einem Albtraum aufwache: Ich lag wieder gelähmt im Krankenhaus.

Es ist die erlebte Verzweiflung und auch Angst vor einem Rückfall, die mich wild träumen lassen.

Wie bei einem Bovist – so fühlt es sich an – entfleuchen dunkle Stress-Wölkchen im Schlaf aus der Wirbelsäule. Die Träume erscheinen mir wie eine Katharsis des Körper-Denk-Systems, die mich von unterschwelligem Druck befreien.

Die schweren Albträume dauern etwa sieben Tage an, dann wird der Schlaf wieder leichter und erholsamer.

Ich schlafe viel in der Reha. Manchmal bis zu neun Stunden am Tag. Der Schlaf tut mir gut und ich bin froh, dass ich mich während des Tages – wenn es der Anwendungsplan erlaubt – einfach ins Bett legen und sorglos schlafen kann.

Der Körper weiß selbst, wie er sich heilt. Schlaf ist hilfreich, da lasse ich ihn in Ruhe seine Arbeit tun.

‚Ich' werde nicht gebraucht.

**Im Schlaf
regeneriert sich der Körper**

Das traurige Herz

*Der Körper ist
das Königreich
des Herzens.*

Abu Hamid al-Ghazâlî

In der Reha gibt es Tage, da fehlt es mir an Liebe.

Ich sitze inmitten herzensguter Menschen, meine Freunde rufen an und schicken mir warmherzige Nachrichten, ich bekomme liebevoll zusammengestellte Care-Pakete…

Wenn ich mich umschaue, so ist viel Liebe und Freundlichkeit um mich herum. Doch sie erreicht mich nicht. Die Gefühle scheinen mit den Nervenzellen gelähmt worden zu sein.

Die Krankheit
hat das Herz traumatisiert

Die Zeit der Lähmung war ein Schock für meinen Körper, für den Verstand und auch fürs Herz. Dieses fühlt sich nun fast unsichtbar an, wie nach einem Trauma, wo nichts mehr gefühlt werden will, so auch nicht der Schock.

Mein nicht mehr wahrnehmbares Herz müsste irgendwie wiederbelebt werden – doch wie?

So sehr in der Reha alles für den Körper getan wird, mit der Heilung des Herzens müssen die Patienten selbst klar kommen.

Ja, es gibt einen Psychologen, der für Depression und anderes bereit steht, doch wenn ich nichts fühle, was soll ich ihm dann sagen?

Wer würde zum Psychologen gehen, um ihm zu sagen, dass ‚irgendetwas komisch ist‘?

Ich nicht.

Das Gebiet des traumatisierten Herzens bei Krankheit ist wohl noch zu unerforscht.

In der Reha-Klinik gibt es keinen Therapieplan fürs Herz.

Wie fortschrittlich wäre es doch, wenn sich die therapeutischen Anwendungen in ähnlicher Intensität wie um den Körper auch um das Herz kümmern würden!

Geschichten erzählen,
um das traumatisierte Herz zu schützen

Die Mit-Patienten in der Reha schützen ihr verletztes Herz über Geschichten. Sie erzählen über ihre Krankheit, über ihre Familie und Freunde, über ihre Trink- und Essgewohnheiten, über ihre Hobbys...

Selten ist eine wahre, authentische Begegnung möglich, denn die ist für das verwundete Herz zu gefährlich. Die Wunden würden aufbrechen: Gefühle von Hilflosigkeit und Trauer, Sinnlosigkeit und Todesangst können in der Reha nicht wirklich aufgefangen werden. Also werden sie lieber unterdrückt.

Ich bin überzeugt davon, dass sich mit der Genesung des Körpers auch das Herz heilen möchte. Schließlich bilden wir eine Einheit – mein Herz und mein Körper, mein Verstand und meine Bewusstheit.

Wie soll der Körper genesen, wenn das Herz leidet?

Wie sich früher mein Herz nährte

Vor der Krankheit nährt sich mein Herz auf vielfältige Weise:

über Abenteuer-Unternehmungen mit den Enkeln, über berührende Musik, über Liebliches wie Vögel am Fenster und Fische im Aquarium, über etwas Lustiges oder etwas Heiliges oder etwas Lebendiges...

...und vieles andere mehr, was mein Herz zum Ausdehnen bringt. Meditation, zum Beispiel.

Hier in der Reha gibt es nichts davon.
Nichts, was das Herz wiederbeleben könnte.

Und selbst wenn es das alles gäbe –
wahrscheinlich könnte ich nichts davon annehmen.

Ich schaue auf ein aktuelles Foto von mir und finde,
irgendetwas ist in mir zerbrochen.

Mein Therapieplan fürs Herz:
Bewusstsein

In meinem Leben habe ich erfahren, dass mir andere Menschen helfen können, den Herz-Heilungs-Prozess zu unterstützen; beispielsweise, wenn sie aufmerksam zuhören oder wenn sie kreativ sind, als Maler, Dichter, Schriftsteller, Tänzer, Mystiker…

Stille Kreativität befriedet mein Herz. Das Werk eines authentischen Künstlers wahrzunehmen, das erfreut mein Herz.

Mein schockiertes Herz lässt sich damit aber nicht wirklich heilen; Heilung geschieht nicht über die Kreativität und auch nicht über das Mitgefühl eines anderen Menschen.

Ich sitze still, entspannt, wach und bewegungslos
auf meinem Bett und frage mich:

Samarpan, was heilt dein Herz?

Mein Herz heilt sich über Bewusstsein.

Mein Herz sucht nach stiller Liebe

Vielleicht kommen so die Geschichten
vom Kurschatten zustande:

Das traumatisierte Herz sucht sich zur Beruhigung einen Gefährten; einen Menschen, dessen Herz ähnlich leidet, jemand, mit dem man alles Leid vergessen kann. Und mit dem man lachen kann. Jemand, dem man von den erfahrenen physischen und psychischen Schmerzen erzählen kann.

Die verstörten Herzen verstehen sich, schließlich müssen alle hier einen ähnlichen Schock verarbeiten.

Ein Kurschatten für mich?
Das klappt wohl eher nicht.

Die freundlichen und sehr herzlichen Kontakte, die ich hier täglich erfahre, genügen mir nicht. Das Herz wird erwärmt, doch nicht wiederbelebt.

Mein Herz fühlt sich immer dann wohl, wenn es in Kontakt mit sich selbst ist. Und – darüber hinausgehend – wenn das Herz still wird, wenn es zum leeren Herzen wird.

Wenn Meditation geschieht.

Das Herz heilt sich in der Leere

Früher gab es die gesegneten Momente, in denen ich in Bewusstsein gefallen bin. Ich nenne den Zustand des leeren Herzens ‚Bewusstsein'. Ich könnte auch ‚Meditation' oder ‚Stille' oder ‚Sein' oder ‚Nicht-Sein' … dazu sagen. Im Buddhismus sagt man auch ‚das leere Herz' dazu.

Vor der Krankheit weiß ich in dem Zustand des leeren Herzens ganz genau, was mir gut tut. Die Frage, was mein Herz nährt, löst sich auf und die Antwort wird einfach von mir gesehen, ja sofort gelebt.

In diesen Tagen in der Reha suche ich vergebens nach dem leeren Herzen.

Meditieren klappt nicht
mit einem schockierten Herzen

Nach dem Schock der körperlichen Lähmung ist auch mein Herz schockiert. Auf der Suche nach Bewusstsein und dem leeren Herzen setze ich mich aufs Bett und beginne auf eine Antwort zu warten.

Warum fühlt sich mein Herz so unsichtbar an?
Kann ich etwas tun, um das zu ändern?

Es ist typisch für ein traumatisiertes Herz, keine Wahrnehmung zuzulassen – also auch keine Meditation. Das Herz wird zum schwarzen Loch: Alles verschwindet darin.

Ein schwarzes Loch ist nicht mit einem leeren Herzen zu verwechseln. In einem schwarzen Loch ist nichts mehr. Nichts kommt an und nichts fließt mehr hinaus. Auch keine Antworten.

In einem leeren Herzen wohnt allumfassende Liebe.

Ich seufze innerlich. Keine Rettung fürs Herz in Sicht.
Meditation ist ohne Herz nicht möglich.

DIE HEILUNG DES HERZENS
GESCHIEHT UNVERMUTET

Eines Morgens sitze ich beim Frühstück mit einer Dame, die mir aus ihrer Kindheit erzählt. Sie war als kleines Kind am Bett ihrer Oma gesessen als diese starb. Sie beschreibt die Situation so genau, dass ich die Nazizeit, das Bauernhaus, das Mädchen und die Großmutter direkt vor meinen Augen habe.

Mir schießen Tränen in die Augen.

Nicht mit dem Mädchen fühle ich mit,
sondern mit der Großmutter.

Die Situation berührt mein Herz. Eine kranke Großmutter, die ein unschuldiges Kind unbeschützt zurücklassen muss…

Wie immer, wenn mich etwas berührt, ziehe ich mich zurück. In meinem Zimmer möchte ich nachforschen, was genau es ist, das mich weinen lässt.

Mit geschlossenen Augen frage ich mich:

„Samarpan, was an dieser Geschichte berührt dich so?"

Verrat am Körper

Ganz offensichtlich bin ich selbst Großmutter zweier Enkel, die ich über alles liebe und es täte mir weh, sie verlassen zu müssen. Ob mich das an der Geschichte getroffen hat?

Meiner Intuition nach ist das nicht die richtige Antwort.

Ich forsche tiefer.

„Wofür steht das unschuldige Kind?
Wofür die Großmutter?"

Die Erkenntnis steigt bald auf und lässt mich noch mehr weinen.

Das Kind steht für meinen unschuldigen Körper, den ich fast verlassen musste. Die Großmutter ist mein Herz, das über den Verlust des Körpers trauert.

Ich kann meinem Körper nicht mehr danken!

Es kann schnell geschehen. Ein Unfall oder eine Krankheit und plötzlich ist der Körper eingeschränkt oder gelähmt oder leblos.

Es ist ein Schock für mein Herz – als liebevolles Herz – den Körper in all den Jahren einfach nur benutzt zu haben. So gut wie nie habe ich ihm wirklich aufmerksam und wertschätzend zugehört.

Nun, als er gelähmt war, dachte ich, dass ich ihm nie wieder Aufmerksamkeit werde geben können, ihm auch keine Freundschaft mehr gewähren, keine Hilfsbereitschaft…

Mein Herz ist unendlich traurig darüber, die Zeit meines Lebens nicht damit verbracht zu haben, den Körper wirklich lieben zu lernen – wie die traurige Großmutter, die den unschuldigen Enkel verlassen muss, den sie nun in seiner Entwicklung nicht weiter begleiten kann.

Das Weinen hält einige Zeit an.

Ich weine und weine um den verlorenen Körper, den ich einmal hatte und der nun nicht mehr ist. Ein wunderschöner, intelligenter Körper, den ich nicht wertschätzte.

Das Herz atmet wieder

Der Verlust des geliebten Körpers, das war das Trauma, das mein Herz so dumpf werden ließ. Diese Erkenntnis über die fehlende Liebe für mich selbst heilt alles.

Jetzt können Körper *und* Herz gesunden.

Erkenntnisse,
die aus der Krise kommen

Der einzige Weg
eine Veränderung sinnvoll zu nutzen,
ist voll in diese einzutauchen,
sich mit ihr zu bewegen,
sich dem Tanz anzuschließen.

Alan Watts

Der gute Verlauf meiner Genesung ist für Ärzte eine Erfolgs-geschichte. Meine Gesundheit baut sich ungewöhnlich schnell wieder auf.

Mich befriedigt es sehr zu sehen, wie intelligent mein Körper und das Herz miteinander funktionieren und den Heilungsprozess gemeinsam bewältigen. Der Verstand unterstützt die Gesundung ebenfalls, indem er sich still verhält. Meistens, jedenfalls.

Es gibt auch Tage, in denen der Verstand mir das Leben mit ‚Sorgen-Loops' schwer macht. Das sind Stunden mit sich immer gleichen, wiederholenden, sorgenvollen Gedanken. Es sind Stunden des Zweifelns und des Vermeidens, des ‚Völlig-Verschwinden-Wollens'.

Tage, die sich für mich zunächst wie Tiefschläge anfühlen – die sich dann aber als Segen erweisen, einfach deshalb, weil ich etwas Wesentliches über mein Leben verstehe.

KRANKHEIT –
EIN GOTT DER ZERSTÖRUNG

In der hinduistischen Mythologie gibt es einen Gott mit Namen Shiva. Er ist der Gott der Zerstörung und wird in Indien genauso wie die anderen Götter mit großer Hingabe verehrt.

Krankheit, die Zerstörung selbst, könnte also auch wie ein Gott verehrt werden?

Ich habe einige Zeit benötigt, die tiefere Weisheit zu erkennen, die im Konzept des Zerstörer-Gottes liegt. In unseren Breiten ist Zerstörung etwas Schlechtes, etwas, das jeder am liebsten ver-meiden möchte.

Zerstörung jedoch ist göttlich. Sie schafft Raum für Neues. Jede Krankheit ist die Gelegenheit, wieder die unzerstörbare Quelle allen Lebens wahrzunehmen. Und zu ihr zu rennen.

Zerstörung ist verehrungswert!

Tage der Verstörung

Es gibt Tage in der Reha, da wühlen sich dumpfe und neblige, schwere Gedanken durch meinen Körper und verdunkeln mir das Leben. Es scheint alles vergessen zu sein, was ich durch Meditation erfahren habe: Zum Beispiel, dass es etwas gibt, das über das Denken hinausgeht.

In Tagen wie diesen möchte ich mich verkriechen, mich irgendwie ausschalten, mich vergessen.

Solche gedrückten und suchtgefährdeten Zustände hängen bei mir oft mit Prognosen von Ärzten zusammen. Sie warnen mich, zu euphorisch über meinen Gesundheitszustand zu sein: Nervenzellen könnten abgestorben bleiben und sich auch langfristig nicht mehr erneuern. Der Körper könnte langfristig geschädigt bleiben.

Und: Die Lähmungsanfälle könnten sich wiederholen, die Krankheit also chronisch werden. Derartige zerstörerische Perspektiven erzeugen in mir Angstgedanken:

„Was, ich werde also womöglich nicht die aktive, junggebliebene, juicy Oma sein, die ich in meinem Selbstbild bin? Womöglich werde ich hinken oder die Hände werden kraftlos sein oder der Darm nicht richtig funktionieren?"

So, wie ich mich vor der Krankheit erlebte, so werde ich wohl nicht mehr werden. Die Vergangenheit ist unwirklich geworden, sie ist zerstört, sie existiert nicht mehr.

Mit den Perspektiven der Ärzte verändert sich nun auch noch die Zukunft. Ich kann nicht mehr darauf hoffen, mein früheres Selbstbild in die Zukunft fortzuführen.

Ich mag keine Veränderung

Für mich ist das schwer auszuhalten. Das Bild von mir selbst ist in Gefahr geraten. Es hat mich so viele Jahre begleitet und ich möchte keine Veränderung – und schon gar keine Verschlechterung.

Meine gegenwärtige Verfassung hier in der Reha ist angeschlagen. Vieles ist durch die Krankheit zerstört worden. Ich kann nur schlecht laufen, es fehlt die Kraft in den Oberschenkeln. Zudem überfordern mich Situationen mit Menschen oft und ich brauche viel Zeit zum Entspannen und Schlafen. Die Zerstörung meines alten Gefühls von ‚Ich' ist weit fortgeschritten.

In dieser Unvollkommenheit erreicht mich noch eine Wahrheit: Die Zerstörung meiner selbst ist unvermeidlich.

> Alles wird sterben –
> so auch ich

Selbst wenn ich irgendwann wieder eine gesunde, ‚makellose', ältere Frau sein werde, selbst dann werde ich eines Tages unvermeidlich schwächer werden. Der Körper verfällt mit zunehmendem Alter – man sagt dazu auch ‚Natur'.

Mir kriecht die Klarheit über das bevorstehende Sterben wie ein lähmender Bleifluss durch die Adern. Früher oder später werde ich kraftlos werden und ich werde bestimmte Dinge nicht mehr tun können.

Wie jetzt.
Und schlimmer – bis zur völligen Aufgabe des Körpers.

Den Abend nach dieser Erkenntnis verbringe ich damit, alles in mich hineinzustopfen, was in diesem kargen Zimmer an Essbarem rumliegt. Und der Fernseher wird angemacht.

Nichts besänftigt den Schmerz über die unvermeidliche Selbstauslöschung. Ich könnte auch einfach ‚Tod' dazu sagen.

WAS ICH NICHT SEHEN KANN
ODER WILL

Am nächsten Morgen nach den Erkenntnissen übers Sterben treffe ich einen etwa gleichaltrigen Reha-Mitpatienten, für den meine Ängste zur Realität geworden sind.

Er hat eine ähnliche Krankheit wie ich – nur ist sie bei ihm chronisch geworden. Etwa alle sechs Monate wiederholen sich die Lähmungserscheinungen.

„Man gewöhnt sich dran", sagt er.

Er ist ein freundlicher Mensch. An seinem Tisch im Speisesaal wird oft gelacht. Für jeden hat er ein offenes Ohr und eine lustige Bemerkung parat.

Als wir nebeneinander auf den Arzt warten, fragt er mich, wie es mir so erginge.

Ich erzähle ihm von der Angst über eine Zukunft, in der alles stirbt. Davon, dass das Leben nie mehr so sein wird, wie es einmal war. Ein Leben, in dem ich früher oder später alle Kontrolle verlieren werde.

Selbst wenn ich wieder so fit wie vorher sein sollte, das Alter würde mich nach und nach schwächen und schließlich auslöschen.

Er sieht mich an.

„Was soll ich da sagen? Vor fünf Jahren konnte ich noch Skifahren und war total aktiv. Heute kann ich kaum noch gehen."

„Und wie kommst du damit zurecht?"

Er sieht mir ungewohnt ernst in die Augen:

„Warum meinst du, dass ich immer den Pausenclown spiele? Ich kann diesen Schmerz nicht zulassen.

Wenn ich dorthin sehen würde, hätte ich Angst in einem tiefen Loch zu versinken und nicht mehr heraus zu kommen."

Für ihn ist die Wahrheit der unaufhaltsamen Zerstörung zu schmerzhaft, um sie wirklich anzuerkennen.

Er will sich ihr nicht stellen.

So geschieht es auch mir.

Was ich vor mir verberge

Wie dieser freundliche Mensch bestimmte Dinge nicht ansehen kann, so gibt es auch in meinem Leben Dinge, die ich vor mir verberge.

Obwohl ich die Erfahrung gemacht habe, wie sehr Bewusstheit heilt, nährend und wohltuend ist, so gibt es noch eine Wirklichkeit mit Fakten, die ich nicht ansehen will.

Oder vielleicht auch nicht kann.
Vielleicht verkrafte ich sie nicht.

Die unvermeidbare Zerstörung meines Ichs durch den Tod gehört zu den Dingen, die ich mir kaum ansehen kann.

Wenn ich irgendwie gedrückt bin, an allem zweifle oder etwas angst-voll in mir erzittert… immer hat es mit der Auflösung meines Ich-Gefühls zu tun. Damit, nicht mehr so wie vorher zu sein, mich zu verändern – ja, mich verändern zu müssen.

Die Natur und das Sterben

An einem dieser Abende, an denen Zweifel und Angstgedanken fast greifbar sind, sehe ich mir einen Tierfilm an. Einen, der gnadenlos zeigt, wie ein Tier das andere auffrisst. Eine Dokumentation, die den Tod als Teil des Lebens beschreibt.

Da fressen Löwen unschuldige Gazellenkinder, Bären zerfleischen springende Lachse und Störche schnappen sich kleine Frösche, die einfach nur auf eine Mücke warten, um sie zu verspeisen.

Der Tod ist im Leben überall gegenwärtig.

An Tagen wie diesen zeigt alles mit aufdringlichem Finger auf die unvermeidliche Wahrheit: Mein Körper und Geist werden vergehen, ich werde sterben.

Nun habe ich mich lange und viel mit dem Tod beschäftigt. Auch damit, was darüber hinausgeht. Die Erfahrung mit Meditation ließ mich sicher fühlen – bis jetzt, wo das Sterben so viel näher gerückt ist.

Irgendwann in meinem Leben habe ich mich mir selbst gegenüber dazu verpflichtet, meinen Sinn für Wahrheit ernst zu nehmen. Meine Wahrheit sagt jetzt ganz klar:

„Samarpan,
weder dieser Körper,
noch dieses Ich-Gefühl,
noch irgendetwas an dem du dich jetzt festhältst,
wird bestehen bleiben.

Auch das wird vergehen."

Der Verstand hält sich an Teddybären fest

An diesem Abend esse ich mit einer neu gewonnenen Freundin. Sie erzählt mir beim Käsebrot, dass es für sie so gut wie keine Hoffnung mehr auf Heilung gibt. Sie ist nur in der Reha, um noch ein wenig Erleichterung beim Atmen zu bekommen. Sie ist eine lustige, warmherzige Frau mit 83 Jahren und ich mag sie sehr.

Ihr Schicksal trifft mich. Sie wird bald nicht mehr da sein – was auch immer bald bedeuten mag.

So auch ich. Gleichgültig, ob ich nun ein wenig hinken werde oder nicht, gleichgültig, ob ich als Großmutter weiter wie bisher aktiv sein werde oder nicht – auch dieses Leben wird vorbei gehen.

Es bekümmert mich, dass ich trotz aller Meditationspraxis immer noch so an diesem ‚Ich' hänge.

Es bekümmert mich, dass die Arme innerlich zittern, die Haut unter einer Allergie glüht und der Bauch immer noch kraftlos zu sein scheint.

Es bekümmert mich, dass mich all das bekümmert und ich immer noch nach einem Anker zum Festhalten suche. Ich suche nach einer Rettung.

Ich suche einen Ausgang aus dem Unvermeidlichen.

Teddybären sind kein Ausweg –
die Zerstörung ist unvermeidlich

Jeder Mensch hat seine Teddybären, mit denen er sich in Stunden des ‚Nicht-Sehen-Wollens-der-Wahrheit' beruhigen kann.

Der freundliche Mann mit der chronischen Krankheit und dem großen Herzen hält sich an sozialen Kontakten und seinem Papagei und Hund fest. Die Freundlichkeit mit Mensch und Tier ist sein Teddybär. Ein freundliches Umfeld gibt ihm den Halt, sein Schicksal anzunehmen.

**Meine Teddybären
sind Weisheiten von Meistern**

Meine Teddybären sind Weisheiten von früheren und lebenden Meistern. Es entspannt und erfreut mich ganz und gar, weisen Menschen zuzuhören, wenn sie über ihre Erfahrungen erzählen.

Für mich ist das so, also ob ich mir dadurch ein Stück von ihrem köstlichen Kuchen abschneiden könnte; so, als ob ich selbst ein Stück ihres Lebens erleben würde.

In der Therapie nennt man solche und andere Teddybären auch ‚Ressourcen'. Das sind Dinge, durch die man sich seiner Lebensenergie wieder bewusst werden kann.

Solche Teddybären können beispielsweise die Erinnerung an eine Situation sein, in der ich voller Liebe war. Oder Sport zu machen, das macht mich auch glücklich. Oder sich mit Freunden zu treffen und gemeinsam wandern zu gehen oder zu meditieren…

Das Leben ist voller Herausforderungen, die ich bisher mit meinen ‚weisen Teddybären' gut durchschifft bin. In dieser Lebenssituation nun, mit einer lebensbedrohlichen Krankheit, geben selbst diese, sonst so verlässlichen Teddybären keinen Halt mehr.

Die Wirklichkeit sieht durch meine Augen.

Durch die Lähmung werden mir alle Träume genommen. Jeder Anker, der nicht in Einklang mit der Wirklichkeit ist, wird bedeutungslos.

Kein Teddybär kann mir die Lebensenergie zurückbringen.

Womöglich sehe ich deshalb die Erfahrung mit dieser Krankheit als Zen-Schlag an. Nur mit der Wahrheit lässt sich diese Situation in etwas Wesentliches verwandeln.

**Über den Segen,
keine Träume mehr zu haben**

So schwierig es im Augenblick auch ist, ohne Halt und ohne Zukunft zu sein – generell gesehen ist es ein Segen.

Ich schaue mit frischen Augen in die Welt und erfahre eine neue Weisheit: Das Leben ist so viel größer als ‚Ich'.

Nicht, dass ich etwa wüsste, was das Leben ausmacht. Oder wüsste, was es für mich konkret bedeutet, mein Leben ohne Teddybären, ohne Kontrolle, ohne Halt zu verbringen.

Ob es sich nun völlig verändern wird?
Kann ich haltlos glücklich sein?

Ich weiß es nicht.

Diese Unwissenheit ist nicht etwa schmerzhaft, sondern ganz bodenständig und in Vorfreude auf das, was unkontrolliert auf mich zukommen mag.

Es gibt nichts mehr zu fürchten, das Schlimmste ist geschehen und selbst dem Allerschlimmsten (dem Tod) habe ich ins Auge gesehen.

Ich weiß jetzt,
dass ich nichts weiß
und das ist sehr entspannend

Hingabe ans Nicht-Wissen

Ich weiß, dass ich nichts weiß. Das ist die Haupterkenntnis, die ich in dieser Zeit der Krankheit gewonnen habe.

Ich weiß nicht wirklich, wie der Körper funktioniert, doch das muss ich auch nicht. Der Körper weiß selbst, was er braucht. Ihm aufmerksam zuhören und in freundlichem Kontakt mit ihm sein, das ist alles, was ich wissen muss.

Ich weiß nicht, was ein gutes Leben ausmacht, was Weisheit bedeutet, ob es ein Leben nach dem Tod gibt und ob ich ekstatisch werde sterben können oder nicht…

Was für dich vielleicht wie Versagen und Resignation klingen mag, ist für mich alles andere als das.

Schon Sokrates hat mit dieser Erkenntnis
‚Ich weiß, dass ich nichts weiß'
ein reiches Leben gelebt…

So auch ich

Angst
vor einem Rückfall

Es ist ein großer Fehler zu denken,
dass ein Mensch immer gleich ist.

Ein Mensch ist nie lange derselbe.
Er verändert sich ständig.

Nicht einmal für eine halbe
Stunde bleibt er derselbe.

G. I. Gurdjieff

Die Erkenntnis zu entspannen, die Kontrolle abzugeben und sich im Nicht-Wissen zuhause zu fühlen, tut gut.

Sie wird schnell auf die Probe gestellt:

Werde ich auch im entspannten Nicht-Wissen bleiben können, wenn sich meine Lage verschlechtert? Es geschieht hier fast jedem in der Reha, irgendeine Empfindung meldet sich im Körper und schon ist sie wieder da, die erschreckende Angst vor einem Rückfall.

Jedes Hüsteln, jedes kleine Niesen, jedes Kribbeln in Händen oder Füßen, jeder Knieschmerz… Jede innere Bewegung wird von mir registriert und abgecheckt, ob sie zu der Schockerinnerung des Anfalls passt.

Das ist wohl das, was ein Trauma ist:
Die Angst, dass sich etwas wiederholen könnte, was
schon einmal als überwältigend empfunden wurde.

Auch mich erfasst die Angst

Ich bemerke auf einmal, dass ich mich beim Essen wieder öfter verschlucke. Auch damals, kurz vor dem Ausbruch der Krankheit hatte ich Schluckbeschwerden. Ob das nun ein Zeichen dafür ist, dass die Krankheit wieder ausbricht und chronisch wird?

Die Logopädin sagt *„Nein"*.

Die Beschwerden sind einfach eine Entzündung im Rachenraum, die mit dem noch nicht vollständig funktionierenden Schließmuskel der Speiseröhre zusammenhängen.

„Die Entzündung lässt sich leicht beheben",
sagt sie und rät mir, Eis zu essen.

„Gerne", sage ich.

„Sie brauchen sich keine Sorgen vor einem Rückfall zu machen",
sagt sie auch, *„der ist höchst unwahrscheinlich."*

Yippieh, mir wurde ein neuer Teddybär zum Festhalten geschenkt!

Ich bin erleichtert. Kein Rückfall. Und wieder bin ich in die Falle von Hoffnung und Enttäuschung gelaufen.

DIE RECHTE HAND ERZITTERT

Beim Abendbrot erzählt ein Mit-Patient und Freund mit Schlaganfall-Lähmungen, wie ihm heute in der Hitze plötzlich schwindlig wurde und er sofort Angst hatte, wieder einen Schlaganfall zu bekommen. Damals, beim ersten Anfall, waren die Symptome ähnlich gewesen.

Ich gehe auf einen Abendspaziergang, oben auf den Berg hinauf, wo eine bequeme Bank mitten in der Weite des Himmels steht, von Wiesen und Wäldern umgeben.

Während ich langsam den Berg erklimme, bemerke ich, wie die Finger meiner rechten Hand kribbeln. Und sie zittert leicht.

Ich schaue auf die Hand und sofort entstehen Bilder, wie ich am Abend vor dem Anfall zitternd eine Teetasse halte. Im Krankenhaus dann liegt die rechte Hand verkrüppelt, mit eingezogenen Fingern und völlig gelähmt wie ein Fremdkörper neben mir.

Unbrauchbar. Noch nicht einmal zitternd. Sie liegt einfach nur blaß und eingekrampft neben mir.

Die Erinnerung
sitzt in den Zellen

Diese bildhaften Erinnerungen überfluten mich jetzt, während des Spaziergangs, als es wieder in der rechten Hand kribbelt. Die Angst vor einem Rückfall kriecht in den Körper.

Es ist ein normales Phänomen, jeder Patient hier kennt diese Angst. Und keiner will oder kann wirklich hinschauen. Es ist zu gefährlich, denn die Angst könnte wahr werden.

WIE SICH DAS TRAUMA
IN DER HAND AUFLÖST

Ich gehe durch die wunderbare, stille Natur und frage mich, was der Hand helfen könnte. Der entspannte Spaziergang unter dem weiten Himmel lädt die Intelligenz ein, einmal ganz genau und von innen, angstfrei, auf das Phänomen zu schauen.

Wie bekomme ich die Erinnerung aus der Hand fort?
Und wie kappe ich die Verbindung von Hand und Kopf?
Was tun, wenn die Hand die Erinnerung an den Kopf schickt,
der sie in Angstgedanken umsetzt?

Ohne etwas von Traumatherapie zu verstehen, frage ich mich, was mir helfen könnte. Ich komme auf drei Dinge:

1. Wahrnehmen, wo genau die Angst im Körper sitzt

2. Die Stelle mit großer Aufmerksamkeit langsam und mit innerer Bewusstheit bewegen

3. Die Stelle wirklich lieben, dort Wärme und Zuneigung empfinden

Ich gehe unter dem offenen Himmel mit der leicht zitternden und kribbelnden, rechten Hand und meine, die Lösung gefunden zu haben.

Plötzlich verstehe ich, warum der Körper eine so lange Genesungszeit benötigt, obwohl die Muskeln schon wieder zuverlässig arbeiten:

Die Angst vor der Krankheit steckt noch in den Zellen.

In meinem Zimmer setze ich mich still hin und richte die Aufmerksamkeit auf die rechte Hand. Dann bewege ich sie langsam und mit großer Hingabe in die eine und die andere Richtung.

Wie einem Freund höre ich zu, was sie mir sagen will.
Und ich spreche innerlich zu ihr:

„Geliebte Hand,
wie geht es dir?
Was brauchst du?

Eine spezielle Bewegung?
Kühlung?
Entspannung?

Erzähle es mir, ich höre dir zu.

Ich danke dir für die Dienste,
die du mir so lange geleistet hast.

Ich liebe dich."

Meine Hand möchte nur ein wenig Bewegung. Und die Zuneigung tut ihr gut. Ich schlafe in Frieden mit ihr neben meinem Kopf ein.

Am nächsten Tag ist die Angst vor einem Rückfall nicht mehr zu spüren. Nicht in der Hand und nicht im Körper, auch nicht in den Gedanken.

Es gibt neue Dinge, die mich beschäftigen.

In Dankbarkeit und
Liebe zum Körper

*Das Leben ist nichts weiter
als eine Gelegenheit,
Liebe erblühen zu lassen.*

Osho

Es war und ist auch weiterhin eine intensive Reise, die für mich mit der Krankheit geschehen ist.

Der Körper hat mich in einige überraschende Situationen geführt – von der plötzlichen Lähmung bis zu der schnellen, fast völligen Genesung. Er ist nun so lebendig und kraftvoll, wie er es vorher schon lange nicht mehr war.

Durch die Krankheit hat sich mir ein ganz neues Verständnis für Körper, Herz und Verstand eröffnet: Gesundheit beginnt mit Zuhören.

Wenn ich dem Körper freundlich und aufmerksam zuhöre, dann entwickelt er ganz unglaubliche Kräfte, sich selbst in ein harmonisches Gleichgewicht zu bringen.

Auch im Leben entwickeln Menschen ungeahnte Kräfte, die das Gefühl haben, ihnen wird aufmerksam und ehrlich zugehört.

Warum sollte das bei einem so wundervollen Lebewesen wie meinem Körper, mit Herz und Verstand anders sein?

Mein Körper braucht mich

Der Körper ist wie jedes andere Lebewesen:

Er liebt es, wenn ihm freundliche, authentische Aufmerksamkeit geschenkt wird.

DER KÖRPER SINGT MIT MIR – SCHON IMMER!

Wenn ich beschreiben soll, welche Erkenntnis über die letzten Monate mich am meisten berührt, dann ist es diese:

Das größte Wunder ist das stille Zusammenspiel des Körpers mit dem Inhaber des Körpers – mir!

Ohne mich ist mein Körper nur eine Bio-Maschine, die solange funktioniert, bis ihr die Energieversorgung ausgeht. Vor der Krankheit wurde er von mir meist nur benutzt, manchmal auch geschätzt, doch nicht wirklich gehört. Und trotzdem hat er gut funktioniert – bis er nicht mehr konnte.

In Wahrheit ist der Körper viel mehr als eine Biomaschine, er reagiert auf mich, er braucht mich. Er ist in stiller Kommunikation mit mir. Solange ich ihn bewusst wahrnehme, schwingen und singen wir gemeinsam, quasi eins, in stiller Harmonie von einem Moment in den nächsten.

Jede Bewegung ist dann ein ekstatisches Freudenfest, denn wir sind beide dabei, wenn der Arm ausgestreckt wird, das Bein eine Stufe ersteigt, der Fuß in den Schuh gleitet...

Meine Präsenz, meine Bewusstheit wird vom Körper nicht nur gebraucht, sie wird von ihm ersehnt und gesucht. Wie eine hingebungsvolle Geliebte öffnet er sich jeder sanften Berührung von innen. Dankbar reagiert er auf jede Aufmerksamkeit, die ich ihm gebe.

Wie ein Blümchen im Morgenlicht öffnet sich der Körper dem Licht von bewusster Aufmerksamkeit. Jedes gezeigte Verständnis, jedes Ja für ihn, jedes innere Mitgehen mit seinen Bewegungen lässt ihn jubilieren – und damit auch mich.

Gemeinsam singen wir ein göttliches Lied. Gemeinsam hüpfen und tanzen wir, rennen den Berg hoch, atmen... und lieben das Leben.

Das Leben und der Körper sind eins

Ich schaue aus dem Fenster und sehe 30 verschiedene Farbtöne von Grün. In der Abendsonne leuchten die Wälder, die Laubbäume, die Wiesen mit ihren vielen Gräsern, die Büsche, die Hecken...

Jeder Strauch hat eine eigene Farbe. Jeder Baum hat seine eigene Geschichte, warum er genau hier steht, warum er so gewachsen ist, warum in dieser Farbe und nicht in einer anderen.

So auch mein Körper. Auch er hat seine Geschichte, warum er so geworden ist, wie er ist.

Wie jeder Baum so ist auch dieser Körper Teil des gesamten Lebens. Wie der Baum Blätter verliert oder Narben vom Wind erhält, so erfährt auch mein Körper verschiedene Zustände im Leben.

Erinnerungen an erlebte Natur

Ich erinnere mich an einen wundervollen Felsenstrand auf Puerto Vallarta in Mexiko während eines Sonnenuntergangs. Ich saß auf den Steinen und genoß die Weite des Meeres.

Ich erinnere mich an den dunklen, kühlen Fichtenwald als Kind mit den Eltern beim Pilzesuchen. Es roch nach feuchten Nadeln und das Moos war weich.

Ich erinnere mich an das Gefühl von Freiheit oben auf dem Gipfel des Dachsteins beim Skifahren. Es ist sehr kalt und mein Herz fliegt mit den Wolken hoch oben in den klaren Himmel. Überall dort war die Natur so nahe, so direkt zu erfahren, fast greifbar nahe.

Erinnerungen an meine Natur

Jetzt erlebe ich Gleiches über meinen Körper.
Er ist die selbe Natur!

Der Atem des allumfassenden Lebens bewegt ihn genauso wie die Wellen am Strand von Puerto Vallarta. Die dunkle, sanfte Kühle des Waldes ist in ihm zu finden und auch die unfassbare Weite hoch oben auf dem höchsten Gipfel.

Ich liebe diesen Körper.

Krank oder nicht krank – der Körper ist zu meinem Freund geworden. Und manchmal erfahre ich ihn auch als Tor zum Mysterium des Lebens. Es lässt sich durch ihn so unendlich viel über das Leben entdecken. Ich brauche nur das Tor zu öffnen und hindurch zu gehen.

Ein Liebesbrief

Geliebter Körper,
ich liebe dich.
Dein Gesang ist wundervoll.

Wie gerne singe ich mit dir –
in den Momenten, in denen ich zuhause bin.

Verzeih,
wenn ich dich manchmal nur benutze.

Ich kenne dich zu wenig
und werde dein Mysterium
auch nie wirklich ganz verstehen können.

Doch muss ich meinen Geliebten verstehen?
Kann ich ihn nicht lieben, ohne ihn zu kennen?

Die gesegneten, stillen Momente
in denen wir eins sind...
ich nehme sie als unsere wahre Gemeinsamkeit.

Im Einssein erzählst du mir Geschichten vom Leben:
von der Vielfalt,
von der Harmonie,
von der Liebe.

Wie sonst soll ich das Leben
in seiner Großartigkeit erfahren
als über dich?

Du bist das Leben selbst.

Ich liebe dich.

Geliebter Körper.
Geliebte Welt.

Zusammenfassung:
Wie wirkt Meditation
bei Krankheit?

*Sobald du aufhörst
an etwas festzuhalten
und die Dinge sein lässt,
wirst du frei sein,
sogar von Geburt und Tod.*

Du wirst alles verwandeln.

Bodhidharma

Die Reise meiner Krankheit hat nur wenige Monate gedauert und doch hat sie mir die ewige Weisheit Buddhas nahe gebracht:

> Liebe dich selbst und beobachte –
> heute, morgen, immer

Schon lange ist mir dieses Zitat vertraut. Seine einfache Wahrheit und Schönheit hat mich schon immer berührt. Erst die Krankheit lässt mich jedoch die wirkliche Weisheit dieses Satzes verstehen.

In Bewusstheit und Liebe ruhen – so wird die Gnade von Gesundheit, innerer Harmonie und Bewusstsein eingeladen.

BEWUSSTHEIT UND LIEBE
FÖRDERN DIE GENESUNG

Mit Bewusstheit und Liebe enthüllen sich neue, nicht endende Verständniswelten über Krankheit, den Körper, das Herz, den Verstand.

Auch wenn ich nichts beweisen kann, keine allgemeingültigen Aussagen machen kann, so nehme ich doch stark an, dass die schnelle Genesung meines Körpers mit meiner gerichteten Aufmerksamkeit einhergegangen ist.

Die meisten Entwicklungen im Körper habe ich bewusst und aufmerksam verfolgt. Das fiel mir leicht, denn das langjährige Meditieren, das Üben von wacher, entspannter Aufmerksamkeit, hat mir Bewusstheit zur Selbstverständlichkeit werden lassen.

Es ist für mich mittlerweile gleichgültig, ob ich im Bus durch die Stadt schaukele oder auf dem Fahrrad durch den Park radele oder ob ich im Rollstuhl die Gänge des Krankenhauses erforsche. Meine Bewusstheit ist dieselbe und das habe ich der langjährigen Übung von Meditation zu verdanken.

Und ja, es gibt Vorlieben. Ich radle lieber durch den Park als im Krankenhaus auf einer Bettpfanne zu liegen.

Trotz Vorlieben:
Bewusstheit ist gleich.

Jede Situation wird von mir entspannt, aufmerksam und soweit wie möglich bewertungsfrei wahrgenommen, ob ich sie mag oder nicht.

Die Magie von Bewusstheit ist vielleicht logisch nicht ganz nachzuvollziehen, doch praktisch gesehen ist sie für mich zu einer ganz greifbaren Wirklichkeit geworden:

Bewusstheit verwandelt jede Situation zum Besseren – gleichgültig ob im Krankheitsfall oder nicht.

Wache Aufmerksamkeit
macht intelligent

In wacher Aufmerksamkeit erkenne ich Chancen, wenn sie sich bieten. Und ich nehme wahr, wenn ich mir selbst das Leben schwer mache, meinen eigenen Fluss behindere und mir selbst im Weg stehe.

Eine schwere Krankheit ist immer herausfordernd. Das gesamte Körper-Denk-System ist in Verwirrung, Sorge und Angst. Mit Bewusstheit erkennt der Kranke den eigenen Geisteszustand und das hilft dabei, Ruhe einkehren zu lassen. Letztlich konnte ich mich dem größeren, natürlichen Gesamtzusammenhang hingeben und habe meinen Platz darin in Liebe akzeptiert.

Bewusstheit und die Liebe zum Leben haben entscheidend zu meiner Genesung beigetragen.

Meditation nimmt keine
Schwierigkeiten ab

Langjährige Erfahrung mit Meditationstechniken verhindert jedoch keine Krankheit. Eine Krankheit entsteht auch mit

Bejahung des Lebens. Krankheit ist ein natürliches Phänomen.

Tief in dem verwurzelt zu sein, was die Welt im Innersten zusammenhält, befriedigt ungemein und macht das Leben wundervoll, doch es hält keine Krankheit ab.

Viele Meister und Mystiker sind an Krebs gestorben, das lässt sich nicht durch Meditation verhindern.

Der Unterschied mit Meditation:
Jemand, der meditiert, nutzt schwierige Umstände zur Vertiefung seines Verständnisses.

So ist dieses Buch entstanden. Ich wollte den Prozess des Krankseins mitverfolgen und erkennen, was genau geschieht. Die Situation sollte nicht nur wie gottgegeben über mich regnen, ich wollte wach daran teilhaben.

Bewusstheit unterstützt die Genesung

Bewusstheit ist kein Schutz vor Schwierigkeiten aller Art, auch nicht vor Vergänglichkeit. Krankheit geschieht dem Meditierenden genauso wie jedem anderen Menschen auch.

Auch wenn die Medien zur Zeit mit Artikeln überschwemmt sind, wie sich durch die bewusste Beeinflussung von Zellen Krankheit vermeiden lässt — meine Erfahrung ist das nicht.

Anders die Genesungsphase, die über Bewusstheit beschleunigt werden kann. Diesen Einfluss habe ich selbst kennengelernt.

Meditationstechniken helfen im Notfall nicht

Überraschend war für mich die Erfahrung, dass ich im Notfall auf keine Meditationstechnik zurückgreifen kann.

Ich dachte, ich würde mich immer auf meinen Bauch verlassen können, auf mein inneres Zuhause. Ich dachte, ich könnte im Zweifelsfall immer in meinem inneren Zentrum eine Zuflucht finden.

Dem ist nicht so.

Wenn das Leben bedroht wird, wenn die Schmerzen unerträglich sind, wenn ein Trauma im Körper geschieht... dann ist bei mir das innere Zentrum nicht mehr wahrzunehmen.

Der Bauch kann nicht mehr angesteuert werden, der Schmerz holt sich alle Aufmerksamkeit.

Selbst einfache Atemtechniken funktionieren nicht beim Versuch, die Situation erträglich zu machen. Ich bin starken, akuten Schmerzen genauso ausgeliefert wie jeder andere, der nicht meditiert.

Jede Form von versuchter Kontrolle, von bewusster Ausrichtung, von bewusster Erinnerung an das Wesentliche ist im Notfall bedeutungslos. Außer, du hast Meditation in den Knochen, wird es dir nicht helfen.

Im Notfall zählt nur das Eine:
Bewusstsein.
(Und Schmerzmittel)

BEWUSSTSEIN ÜBER MEDITATIONEN
WAHRNEHMEN LERNEN

Dies ist ein Plädoyer für Meditation. Auch für die Ausübung von Meditationstechniken, denn durch sie lässt sich Bewusstsein erfahren.

> Bewusstsein ist das,
> was immer ist und bleibt –
> Krankheit oder nicht,
> Glück oder nicht,
> Schmerz oder nicht

Durch Meditationstechniken falle ich manchmal in Bewusstsein. Dann ist es leicht, jede Situation vertrauensvoll anzunehmen. Krankheit ist im Zustand von Bewusstsein ein ganz natürlicher

Prozess. Krankheit kann ich im Zustand von Meditation freudig akzeptieren.

Dankbarkeit, Liebe, Freundschaft, Hingabe, Lebensfreude... diese Erfahrungen schwingen im Zustand von Bewusstsein ständig in den Zellen und nichts und niemand kann sie verdunkeln.

Meditationstechniken sind sinnvoll, um im täglichen Leben Bewusstsein einzuladen und sich darauf einzulassen. Ohne die vielen Meditationen, die ich gemacht habe, würde ich Bewusstsein gar nicht erkennen, wenn es auftaucht...

In Harmonie mit dem Unvermeidlichen

Über Meditationstechniken habe ich zudem gelernt, das Leben leicht zu nehmen. Selbst in einem Zustand von Lähmung ist mir die Welt weiterhin freundlich und heiter gesinnt. Ich habe gelernt, dass ich ‚da bin', gleichgültig, was mit dem Körper geschieht.

Und ich habe erlebt, wie schwierig es ist, sich dem unvermeidlichen Sterben zu stellen.

Auch das bewirkt Meditation im Krankheitsfall:
Dem Unvermeidlichen ins Auge schauen zu können.

Verpflichtung zur Wahrheit

Seit vielen Jahren habe ich mich meiner Wahrheit verpflichtet. In kritischen Situationen frage ich mich:

Samarpan,
was ist für dich jetzt, in diesem Moment wahr?
Unterstütze diese Wahrheit.

Zum Beispiel die Sache mit dem Sterben.

Zu lange habe ich Meditation − entspanntes, bewertungsfreies Wahrnehmen − geübt, als dass sich die Auseinandersetzung mit dem unvermeidlichen Tod vermeiden ließe, wenn er mir so klar vor Augen ist. Ich musste und wollte mich dann auch damit beschäftigen, sonst hätte ich keine Ruhe mehr gefunden.

Meditation ist herausfordernd

Der Prozess ist anstrengend.

Meditation ist anstrengend.

Meditation fordert den Körper, den Verstand und das Herz zu neuen Abenteuern heraus. Das alte Leben, die vergangenen Vorstellungen funktionieren im Krankheitsfall nicht mehr.

Wir (alle drei: Körper, Verstand, Herz) sind herausgefordert, uns umzudrehen und uns dem Wahren der Situation zu stellen.

Es ist ein langer, nicht endender Weg.

Jede Situation birgt Welten über Welten an Erkenntnissen, an Erfahrung, an Liebe – die oft nicht sofort zu entdecken sind. Es braucht etwas Hartnäckigkeit und Durchhaltevermögen, sich der Wirklichkeit auszusetzen.

Langsam, langsam, gelange auch ich zu einer für mich wichtigen Erkenntnis. In einer ausweglosen Situation wie einer plötzlichen Lähmung gibt es für mich nur eine Möglichkeit zu überleben:

in Harmonie mit dem zu sein, was ist.

In Harmonie mit der Natur des Lebens sein

Ausblick vom Berg

Der Körper ist dein Tempel.
Du bist die Gottheit des Tempels.

Osho

Ich sitze oben auf dem Hügel hinter der Reha-Klinik auf meiner Lieblingsbank und schaue über die bewaldeten Hügel. Es ist ein Ausblick unter einem großen, weiten Himmel mit der sanften Abendsonne im Rücken.

Jeden Abend gehe ich nun dorthin. Manchmal renne ich sogar den Berg hinauf. Das Gefühl ist ein wenig wie in der Szene des Films ,Rocky', als der Hauptdarsteller zunächst nur schnaufend die vielen weißen Treppen erklimmt. Am Ende läuft er leichtfüßig hoch. Und er tanzt oben, überglücklich darüber, was er alles geschafft hat.

So geht es mir jetzt.

Ich bin ekstatisch glücklich. Noch vor wenigen Tagen konnte ich nur mit großer Anstrengung gehen und jetzt spurte ich mit großer Freude zu meinem Aussichtsplatz.

Der Körper und ich, wir rennen gemeinsam hoch.
Jeder Schritt ist ein Freudenfest.

Schnaufend und verzückt sitzen wir auf der Bank inmitten der Weite des Lebens.

Bereit für ein neues gemeinsames Abenteuer.

Mit Meditation.
In inniger Liebe.

Danke

Alles, was wir für uns selbst tun,
tun wir auch für andere.

Und alles, was wir für andere tun,
tun wir auch für uns selbst.

Thich Nhat Hanh

Während der Krankheit unterstützen mich Freunde aus allen Richtungen und helfen mir dabei, die Situation zu verkraften und zu verarbeiten.

So viele Menschen – auch außerhalb meines Freundes- und Familienkreises – haben mir gut getan und tun das auch weiterhin.

Ihnen allen möchte ich von Herzen danke sagen.

Jedem einzelnen der neurologischen Station der Kölner Uniklinik (Ärzte, Physiotherapeuten, Pfleger, Reinigungskräfte) danke ich von Herzen für ihre kompetente Aufmerksamkeit und Fürsorge.

Das Ärzte- und Therapeutenteam der Rehaklinik MediClin Reichshof-Eckenhagen hat mich durch die anstrengende Zeit der Rehabilitation und des Muskelaufbaus begleitet. Ihre freundliche und kompetente Unterstützung hat mich motiviert, dem Körper zu vertrauen.

Sie haben mir Mut gemacht, weiter zu gehen und meinen Körper in vielfältiger Weise zu erforschen und zu stärken.

Verzeih mir, wenn ich dich nicht namentlich nenne

Es ist nicht möglich, jeden einzelnen hier zu erwähnen, der mir geholfen hat – auch, weil ich die Namen vieler Leute in diesem hilfreichen Universum gar nicht kenne.

Solltest du mir begegnet sein, Anteil an meiner Geschichte genommen haben und nicht auf dieser Liste stehen – verzeih mir bitte. Sei dir sicher, du bist Teil meines Lebens geworden und dafür danke ich dir.

Diese Krankheit hat mich groß gemacht. Ich durfte viele Menschen in ihrer Wahrhaftigkeit und Verletzlichkeit erleben, in ihrer Stärke und Kompetenz, in ihrem Mitgefühl und ihrer Tatkraft. Meine kleine Welt ist durch sie unglaublich groß geworden.

Auch du, der du das liest, bist Teil meines unsichtbaren Netzwerks geworden.

Ich danke dir von Herzen.

Warum ich dir danken möchte...
In alphabetischer Reihenfolge

Abhijat und Madhuri
Danke für eure herzliche Anteilnahme. Ich habe mich von euch
mitgetragen gefühlt.
Ich danke euch von Herzen.

Anna
Danke für deine stabile Unterstützung im Hintergrund. Ich weiß,
ich kann mich auf deine Intuition verlassen. Du bist da, wenn ein
mitfühlendes Herz gebraucht wird.
Ich danke dir von Herzen.

Brigitte
Danke für dein wundervolles Paket, dessen Inhalt mir Schönheit
und Genuss in eine relativ karge Umgebung brachte. Danke auch
für dein offenes Ohr und das Gefühl, Familie zu haben.
Ich danke dir von Herzen.

Claudia
Danke für deine Tatkraft, den weiten Weg auf dich zu nehmen
und mich im Krankenhaus zu füttern. Danke auch für deine Tränen. Die Verbundenheit besteht seit der Kindheit und ich freue
mich so darüber, dass wir einander wieder gefunden haben.
Ich danke dir von Herzen.

Devageeta
Danke für deine mitfühlende Freundschaft in meinem Leben.
Ich wusste, du würdest immer kommen, wenn es mir wichtig
und notwendig wäre. Deine jahrzehntelange, unerschütterliche
Freundschaft hat mich auch durch diese schwierige Zeit getra-
gen.
Ich danke dir von Herzen.

Elvira
Danke für die Offenheit und die Authentizität, mit der du die Geschichte von deiner Großmutter erzählt hast. Ich habe dadurch
soviel Wichtiges über mich und meinen Körper erkannt.
Ich danke dir von Herzen.

Hans-Wolfgang
Danke für die erhebenden Fotos und die Heiterkeit, mit der du zuhörst und überhaupt immer da bist. Dein Erfindergeist hat mich inspiriert, mir während der Lähmung alle möglichen Tricks auszudenken, dir mir das Leben erleichtern und Spaß dabei zu haben.
Ich danke dir von Herzen.

Hermann
Danke, dass du mir das Gefühl gibst, dich notfalls immer und um alles fragen zu können. Dein stilles Mitgefühl hat mir sehr gut getan.
Ich danke dir von Herzen.

Jochen
Danke für deine tatkräftige, finanzielle Unterstützung, die mir einige Sorgen erspart hat. Ohne dich hätte ich nicht den Freiraum gehabt, mir alle Zeit der Welt für die Genesung zu geben. Deine herzliche Anteilnahme hat mir gut getan.
Ich danke dir von Herzen.

Johannes
Danke für deine Fröhlichkeit, deine Wahrhaftigkeit und für die Melodie, die du in das Wort ‚Samarpan' legst.
Ich danke dir von Herzen.

Kanta
Danke für deine freundliche, vorsichtige Anregung, Jin Shin Jyutsu zu nutzen und das Büchlein, das ich mit Interesse angesehen habe.
Ich danke dir von Herzen.

Karunesh
Danke für deine warme, mitfühlende Art, präsent zu sein. Du hast mich daran erinnert, das Wesentliche nicht zu vergessen – das, was wir gemein haben. Und über deinen Kommentar zum Frisuren-Video habe ich herzlich gelacht.
Ich danke dir von Herzen.

Khoji
Danke, mein lieber Freund, für deine ewige und tatkräftige Freundschaft. Du sitzt in meinem Rücken und stärkst ihn. Und im

Herzen. Für mich ist es ein beglückendes Geschenk, dass du Teil meines Lebens bist. Entfernung oder nicht...
Ich danke dir von Herzen.

Mantra

Danke für deine Anteilnahme und das Einschalten deiner heilenden Mutter. Es hat mir gut getan und wer weiß wie sehr geholfen.
Ich danke dir von Herzen.

Marpa

Danke für die tolle Zahnbürste, die mir ein Gefühl von Würde und Frische gegeben hat. Deine liebevolle Präsenz, deine heitere Art mich zu füttern, die Erzählungen aus deinem Leben... haben mir viel Kraft und Vertrauen gegeben.
Ich danke dir von Herzen.

Mujiba

Danke für deine liebevolle, freundliche und so tatkräftige Art, mich zu unterstützen. Es war wunderschön, mit dir in der Klinik den ersten Kuchen zu essen und ihn gemeinsam bei einem wahren Gespräch zu genießen.
Ich danke dir von Herzen.

Nayano

Danke für den köstlichen Saft, der wie ein Lebenselixier geschmeckt hat. Du warst mir nahe und bereit, jederzeit tatkräftig einzuspringen. Du warst ein Pfeiler, der mich gehalten hat, solange ich es gebraucht habe.
Ich danke dir von Herzen.

Nepomuk

Danke für dein wildes, selbstgemaltes Bild auf der Pferdekarte, es kam zu einer Zeit als ich Trost brauchte. Und das Wettrennen, das wir mit dem Rollstuhl gemacht haben, werde ich nie vergessen. Auch wenn ich gegen dich verloren habe, so war das ein wundervoller Tag. Wie jeder Tag mit dir.
Ich danke dir von Herzen.

Nevena

Nie hat mich jemand so aufmerksam und zugeneigt gewaschen wie du. Immer noch träume ich von der Mentholsalbe, die du mir

auf den Rücken auftrugst. Über dich habe ich Sauberkeit als Wert erkannt.
Ich danke dir von Herzen.

Nirdosha
Danke für deine jahrelange Unterstützung und die sofortige, praktische Hilfe.
Ich danke dir von Herzen.

Pakhi
Danke für die intuitiv zusammengestellten Pakete mit überraschenden Köstlichkeiten und vielen praktischen Dingen. Danke vor allem für deine stille Präsenz im Zuhören. Ich kann die Sorgen und Gedanken aussprechen und mich so besser wahrnehmen, ohne das Gefühl zu haben, dich damit zu belasten. Danke für die Erinnerung an das, was die Welt im innersten zusammenhält.
Ich danke dir von Herzen.

Parampara
Danke für deine tatkräftige und so zuverlässige Unterstützung – mit der Wäsche und mit allem, was du tust. Dein freundliches, liebevolles Wesen ist eine wundervolle Stütze.
Ich danke dir von Herzen.

Praphulla
Danke für deine leichte und klare Art, Schwierigkeiten da sein zu lassen. In diesen schwierigen Tagen hast du mir entspannt zugehört und das hat mir gut getan.
Ich danke dir von Herzen.

Premdipa
Danke für deine Präsenz auf WhatsApp, dich mich fühlen ließ, dass du Anteil nimmst. In Zeiten des Schmerzmittelentzugs wusste ich, dass du mit mir fühlst. Das hat mir gut getan.
Ich danke dir von Herzen.

Rainer
Danke für deine Offenheit, deine mitfühlende Art. Ohne dich wäre die Reha nicht so herzerfrischend und fröhlich gewesen.
Ich danke dir von Herzen.

Ranvita
Danke für den köstlichen Spargel und das herzliche Gespräch, als du mich besuchtest. Deine sorgfältige Art der Zubereitung hat mir so gut getan – soviel Schönheit in einem Mittagessen. Es hat mich daran erinnert, dass Schönheit überall möglich ist.
Ich danke dir von Herzen.

Renate
Danke für deine heitere, freche und liebevolle Art. Sie hat mir die Zeit in der Reha versüßt.
Ich danke dir von Herzen.

Sandesh
Thank you for taking care of many ‚technicalities' . You are a wonderful friend and I love to laugh with you.
I thank you from my heart.

Shambala
Danke für deinen Besuch nach den vielen Monaten Trennung. Danke für deine Offenheit, unsere Freundschaft weitergehen zu lassen. Die Pomander haben mir oft Stabilität gegeben.
Ich danke dir von Herzen.

Steffi, André, Celina, Emily, Annika
Danke für euer Mitfühlen, Mithören, Mitempfinden. Das Gummi-Entchen hat mir in der Reha im Waschbecken viel Freude gebracht. Und deine Worte, dass GBS ganz heilbar ist, Steffi, haben mich erleichtert.
Ich danke dir und dir und dir und dir und dir von Herzen.

Subhadro
Du warst der Mann der ersten Stunde! Danke Subhadro, für die Kraft, die du mir gegeben hast, als ich gelähmt am Boden lag. Und die Heiterkeit.
Ich danke dir von Herzen.

Tarshita
Immer kann ich mich auf dich verlassen. Ich danke dir so sehr für deine tatkräftige und großzügige Unterstützung.
Ich danke dir von Herzen.

Taruna
Thank you for not leaving a chance to support me – on every level! Our silent journey will continue.
I thank you from my heart.

Udo
Danke für deine hundertprozentige, praktische und auch geistige Unterstützung. Ich hatte nie das Gefühl, dass ich dich mit den vielen Handlungen, die ich von dir gebraucht habe, belästigen würde. Nie habe ich mich abhängig gefühlt. Du warst immer da – mit Tatkraft und Präsenz. Und Datteln.
Ich danke dir von Herzen.

Volker
Danke für einen wundervollen, heiteren und sportlichen Tischtennis-Abend. Nur in meiner Jugendzeit hatte ich soviel Spaß beim Spielen. Du hast mir geholfen, mich wieder zu erinnern, wie gerne ich Sport gemeinsam mit anderen mache.
Ich danke dir von Herzen.

Wendelin
Danke für die Art, wie du ‚Omapan‘ sagst. Das geht mir direkt ins Herz. In schwierigen Zeiten hat mich der Ton von deinem ‚Omapan‘ daran erinnert, wie freudig mein Herz doch mit dir schwingt und alles wurde leichter.
Ich danke dir von Herzen.

Yoko
Danke für dein mitfühlendes, präsentes Dasein. Du warst da, als es für mich wirklich notwendig war. Und deine Leichtigkeit hat mich erleichtert, ich hätte ohne dich so viel mehr gelitten. Du warst mein Halt in einer Zeit, als ich selbst keinen hatte.
Ich danke dir von Herzen.

Zaka
Danke für dein unerschütterliches Vertrauen, das mir viel Kraft gegeben hat. Und für deine stille Liebe, die ich nun wie selbstverständlich mit mir trage. Was für ein Mutterglück!
Ich danke dir von Herzen.

Über die Autorin

Samarpan P. Powels

Meditationslehrerin
Herausgeberin von FindYourNose
Diplomkauffrau

SAMARPAN P. POWELS

1958* in Nürnberg
Zur Zeit in Köln lebend

Es ist mir ein Anliegen zu zeigen, wieviel mehr Meditation sein kann, als still unter einem Baum zu sitzen und seinen Atem zu beobachten.

Das Erleben einer schweren Krankheit ist für mich die gute Gelegenheit, ganz authentisch und anhand meiner eigenen Geschichte ‚Meditation mitten im Leben' vorzustellen. Und auch von dem Segen zu erzählen, den Meditation mit sich bringt.

Ich lerne ständig von anderen Menschen – vielleicht hilft dir meine Geschichte auch für deinen eigenen Weg?

Ein paar Stationen in meinem Leben

Autorin:

Seit 2007 Autorin, Herausgeberin, Redakteurin, Grafikerin, Übersetzerin auf FindYourNose – dem deutschsprachigen Online Magazin für Meditation.

Meditationslehrerin:

Leitung des FindYourNose Medi-Clubs, Seminarleitung ‚Einführung in Meditation' und ‚Geliebter Körper' sowie anderer Workshops mit Meditation, unzählige geführte Meditationsanleitungen (Audio, Text), Hunderte Artikel über Meditation, viele Kurzvideos über Meditation auf Youtube, Leitung einer online ‚Meditations-Challenge zuhause', viele E-Books zum Thema ‚Zuhause meditieren', E-Books über Meditation im Alltag und Hintergrundwissen zum Thema Meditation.

Jahrelange, tägliche Anleitung von OSHO Meditationstechniken vor Hunderten von Meditierenden im OSHO International Meditation Resort, Pune, Indien und in Köln

Ausgebildet in OSHO Mystik Rose Meditation, OSHO No Mind Meditation, Ausbildung zur Spirituellen Sterbebegleiterin, Reiki Meisterin

Freiberuflich tätig:

Webdesign, Webkonzeption, Marketing, Usability, Suchmaschinenoptimierung, FindYourNose Marketing Diplomkauffrau, Schwerpunkt Marketing und Unternehmensführung

Vor 35 Jahren:

Redakteurin und Reporterin beim Bayerischen Rundfunk im Hörfunk und TV Bereich, freie Redakteurin einer Zeitschrift für Time Management, freie Autorin bei der Osho Times

Über den Namen ‚Samarpan'

Samarpan ist ein Name aus dem Sanskrit und bedeutet ‚Hingabe'.

1988, während einer intensiven Krisenzeit, entschloss ich mich zu einem neuen Lebensbeginn. Der Name ‚Samarpan' half mir dabei, das alte zurückzulassen und mich auf ein völlig neues Leben mit Meditation einzulassen.

Osho hat mich gelehrt, Bewusstheit, Liebe, Kreativität und Intelligenz in mein Leben einzuladen. Seine Präsenz lehrte mich, ein vorher graues Leben in Heiterkeit, Wahrhaftigkeit und Dankbarkeit zu verwandeln.

Erstaunlicher Körper

Der Körper ist die sichtbare Seele. Und die Seele ist der unsichtbare Körper. Körper und Seele sind nicht getrennt. Sie gehören zusammen. Sie sind Teil eines Ganzen.

Du musst den Körper akzeptieren, du musst ihn lieben, du musst ihn respektieren. Du musst deinem Körper dankbar sein – nur dann wirst du eine gewisse Ganzheit erlangen, nur dann wird es zur Kristallisation kommen.

Der Körper ist der komplexeste Mechanismus in der gesamten Existenz. Er ist einfach erstaunlich.

Diejenigen, die staunen können, können sich glücklich schätzen. Beginne mit dem Staunen bei deinem eigenen Körper, denn er ist dir am nächsten.

In deinem Körper ist dir die Natur am nächsten.

In deinem Körper kommt dir das Göttliche nahe.

In deinem Körper existiert das Wasser der Ozeane. In deinem Körper besteht das Feuer der Sterne und der Sonnen. In deinem Körper ist die Luft. Dein Körper ist aus Erde gemacht…

Dein Körper bildet die gesamte Existenz ab.
Alle Elemente.

Was ist das für eine Verwandlung!
Was für eine Metamorphose!

Schau dir die Erde an und dann schau auf deinen Körper.
Was für eine Transformation!

Und darüber hast du nie gestaunt?

Osho, The Dhammapada

Und noch ein Tipp

Solltest du dich nun mehr für Meditation interessieren, dann fühle dich bitte herzlichst eingeladen, einmal auf meiner Webseite ‚*FindYourNose*' vorbeizuschauen.

In dem deutschsprachigen Online Magazin für Meditation ist jeder einzelne Beitrag dem Thema Meditation gewidmet. Du findest deine Fragen zu Meditation beantwortet und es gibt unzählige Meditationstexte, Videos über Meditation und vertiefende Weisheiten von Osho.

Die Artikel sind leicht zu lesen und mit wunderschönen Bildern illustriert. Wenn du konkrete Anleitungen benötigst, dann downloade dir eine geführte Audio-Anleitung zur Meditation oder mach mit im FindYourNose Medi-Club. Stöbere in über 200 Meditationstechniken und probiere die Meditationen aus, die dich ansprechen.

Vielleicht bist du ein eher fühlender Mensch, dann funktionieren die Herzmeditationen sehr gut. Wenn du eher intellektuell veranlagt bist, dann findest du Meditationen über den Atem und Bewegungsmeditationen, die dich vielleicht interessieren werden.

Experimentiere.

Eine bestimmte Meditationstechnik wird wie für dich gemacht sein – du musst sie nur finden! Diese eine Meditation wirst du gerne und oft praktizieren. Die Freude daran wird zu deiner Disziplin, mehr wird nicht gebraucht, um regelmäßig zu meditieren.

Wenn du trotzdem gerne gemeinsam mit anderen meditierst und dabei zuhause bleiben möchtest, dann:

Willkommen im FindYourNose Medi-Club!

www.findyournose.com   FindYourNose
Online Magazin für Meditation